과학영어논문 작성법과 프레젠테이션

일본기계학회 편

이시다 유키오 · 무라타 야스미 · 이고르 멘쇼프 · 에드워드 헤이그 · 하세 쇼이치 共著

김용권 譯

탐구당

편저자 : Yukio Ishida

저작자 : Yasumi Murata, Igor Men' shov, Edward Haig, Sho-ichi Hase

Scientific Writing and Presentations in English

머리말

내가 처음으로 국제회의에서 발표를 한 것은 지금부터 15년 전, 내 나이 40세 때였다. 애팔레치아 산맥 중턱의 대학촌 블랙스버그에 있는 버지니아 폴리테크닉 주립대학에 도착했을 때 녹음으로 둘러싸인 넓디넓은 위풍스러운 캠퍼스를 긴장된 마음으로 바라보던 일을 지금도 기억하고 있다. 회의는 대학의 강당에서 열렸다. 수많은 "외국인" 들이 주시하는 가운데 일본에서 통째로 외운 강연원고를, 발표가 끝나면 질문이 없기를 빌면서 단숨에 말했다. 그 후 국제회의에서의 발표, 외국대학에서의 강의, 국제학술잡지에의 투고라는 경험을 쌓아오면서, 지금까지 얼마나 쓸데없고 능률이 떨어지는 일을 해왔던가를 크게 반성하고 있다. 동시에 국제회의에서 타국의 참가자들한테서는 볼 수 없는, 일본인의 독특한 행동이나 약점, 또는 일본인이 쓴 논문의 영어에 나타나는 공통된 버릇이 마음에 걸렸다. 이와 같은 경험을 통해서 지금까지 해오던 외국문헌강독이라고 하는 "수신(受信)" 을 위한 교육이 아니라 성과를 전하고 또한 논의하는 가운데 연구를 심화시키는 "발신(發信)" 을 위한 교육이 필요하다고 생각하게 되었다.

글로벌라이제이션이 진행되는 가운데 연구자, 기술자가 영어로 발표하고 영어로 논문이나 보고서를 쓰는 기회가 압도적으로 늘고 있다. 그 흐름 속에서 앞으로 활약이 기대되는 젊은이들이 그들의 땀의 결정인 연구성과를 가장 효율적으로 세계에 발신할 수 있도록, 내가 소속한 나고야대학 대학원의 전자기계공학전공에서는 최근 복수의 외국인 교수에 의한 영어강의[Scientific English]를 개설하였다. 시작했을 때는 영어로 하는 강의를 얼마나 많은 학생들이 수강할 것인지 걱정되었으나 매우 호평이었고 외국인 교사와 학생간의 활발한 대화가 행해지는 강의 자체가 프레젠테이션의 본보기처럼 되었다.

재작년에 일본기계학회 도카이 지부에서는 지부의 새 사업을 발안하는 기회위원회를 설치하였다. 그 위원회에서도 최근 기술영어에 의한 표현능력이 더욱더 요구되고 있다는 인식이 있었다. 그리하여 나고야 대학의 상기한 강의 [Scientific English]를 참고로 해서 [기술영어에 의한 프레젠테이션 능력의 향상]이라는 강습회가 기획되었고 많은 참가자가 왔었다. 외국인 강사한테서 직접 영어로 지도받을 수 있게 한 것은 지부강습회로서는 이전과는 다른 시도였다.

본서는 나고야대학 대학원에서의 강의와 기계학회 도카이 지부의 강습회의 내용을 가필 수정해서 만든 것이다. 네 분 선생의 분담집필이라는 형식을 취하고 있지만 본인과의 면밀한 논의를 되풀이하여 만든 것이므로 그 내용은 하나의 체계를 이루고 있다고 생각한다.

본서는 원래 여기서 채택한 주제에 대한 완전한 참고서를 목표로 한 것이 아니다. 이미 고교시절에 영문법 등의 기초적인 사항을 배운 일이 있는 대학원생, 교관, 회사의 연구자, 기술자가 앞으로 영어 논문을 완성할 때, 혹은 국제회의에서 영어로 강연을 하지 않을 수 없을 때, 예전에 배운 영어 지식을 되살려서, 앞으로 필요하게 될 최소한의 지식을 짧은 시일에 갖춘다는 것을 염두에 두고 집필했다. 본서가 앞으로 활약이 기대되는 젊은 연구자, 기술자 여러분에게 도움이 되기를 바란다.

본서의 집필은 제1장을 무라타 선생, 2장을 멘쇼프 선생, 3장을 헤이그 선생, 4장을 하세 씨가 담당하였다. 그리고 멘쇼프 선생과 헤이그 선생한테서는 영문원고를 받았지만 독자의 편의를 고려하여 이시다가 번역해서 게재하였다. 그리고 헤이그 선생이 도카이 지부 강습회에서 사용한 영문 파워포인트 내용의 일부도 함께 게재하였다. 영어의 간결한 표현을 배우는 동시에 헤이그 선생의 명강의의 분위기를 조금이라도 음미할 수 있으면 다행이겠다.

끝으로 본서의 출판에 즈음하여 많은 도움을 준 일본기계학회, 동 도카이 지부, 코로나 사에게 감사의 말씀을 드린다.

2004년 5월

편저자 이시다 유키오

역자의 말

이 책은 일본기계학회 편『과학영어 논문 작성법과 프레젠테이션』(科學英語の書き方とプレゼンテーション2004年)을 번역한 것이다. 이 책은 원래 일본 나고야 대학 대학원 전자기계공학과에서 개설한 외국인 교수담당의 과학영어 강의와 일본기계학회 도카이 지부가 주관한 과학영어 강습회의 강의내용을 수정 가필한 것이다. 그리고 편저자가 밝히고 있듯이 이 책은 과학기술분야의 대학원생, 교원, 회사의 연구원이나 기술자가 과학기술영어논문을 작성하거나 국제회의에서 영어로 발표하는데 필요한 영어지식과 일반상식을 제공하는 것이 그 목적이다. 그러나 제1장 기술영어의 문법기초, 제2장 과학기술영어 논문쓰기와 제3장 영어로 하는 프레젠테이션은 과학기술과 직접 관련된 대목을 제외하면 인문, 사회과학 분야에도 널리 적용될 수 있다고 생각된다.

이 책은 일본인 독자, 즉 일본어가 제1언어인 독자를 상대로 쓰인 것이므로 영문법, 영작문을 설명하는데 있어 일본어와 영어와의 차이점, 일본인과 영미인들의 사고방식 및 감정표현방식의 차이를 자세히 설명한다. 한국어는 일본어처럼 S+O+V 형식의 언어이므로 (영어는 S+V+O) 이 번역책을 읽는 독자는 "일본어" 또는 "Japanese"라는 말이 나올 때마다 "한국어" 또는 "Korean"을 대입해서 읽어도 될 것이다. 제4장 영문 특허 명세서 작성법에는 특허 공보의 일본어 원문의 번역과 일본어 원문의 영어 번역이 나오는데 일본어 원문과 영어 번역문은 전부 부록 I「일본 · 미국 특허 공보의 예」안에 들어 있는 것이다. 그래서 일본의 특허 공보와 미국의 특허 공보 양식을 비교 참고할 수 있도록 부록 I은 원상대로 실었다. 또 부록 II「특허관련 용어집」의 항목은「아가사」(あかさ) 순을「가나다」순으로 바꿔서 배열하였다.

전체적으로 일본어 문장을 번역하는데 있어서는 일본어와 영어의 차이와 대조를 강조하려는 집필자들의 의도를 고려하여 되도록 일본어 어법을 따랐다. 아무쪼록 일본어 번역을 통해서나마 과학기술영어 습득에 성과가 있기를 바라 마지않는다.

역자 김용권

목 차

Contents

Contents

목 차

Contents

01 기술영어 문법의 기초

1.1 시작하면서

어학은 기량(skill)이다. 이 말은 지식을 얻는 동시에 쓰기와 말하기도 함께 연습해야 한다는 뜻이다. 스키를 배우려면 체중을 싣는 법, 보드를 다루는 법, 회전하는 법 등을 교습 받으면서 실제로 자신이 해보는 것과 똑같다. 스키를 타는 법을 교습 받았어도 몸을 움직여서 연습하지 않으면 스키를 탈 수 없다. 영어뿐만 아니라 언어를 습득하는 것은 스포츠나 악기를 마스터하는 것이나 결국은 같은 것이다. 이 모든 것은 기량이기 때문에 지식은 필요한 것이지만 지식만으로는 습득의 충분조건이 되지 않는다. 중, 고등학교 시절에 영어를 상당히 공부했으나 교실에서 읽고 쓰기며 영어회화를 제대로 할 수 없었던 일을 기억한다면 영어가 기량이라는 것을 납득할 수 있을 것이다. 연습이 충분하지 않았던 것이다.

이 장에서는 문법을 다루겠는데, 문법이란 글을 조립하기 위한 규칙을 말한다. 일본어는 원래 영어와는 완전히 다른 언어 군에 속한다. 자신의 모어가 영어와 같은 언어군에 속하는 언어라면 모어의 규칙을 유추(類推)해서 영어의 문장을 조립할 수 있을 것이지만, 일본어와 영어는 워낙 서로 다르기 때문에 우리에게는 유추할 수 있는 것이 그다지 많지 않다.

일본어 화자는 영문작법을 처음부터 규칙에 따라 배우지 않으면 안된다. 그렇기는 하나 규칙을 알고, 규칙에 따라 연습을 쌓는다면 영어를 쓰는 것 자체가 기량이므로 반드시 숙달하게 될 것이다. 논문 등의 글쓰기는 구두발표(프레젠테이션)와는 달리 아무래도 영어의 정확성이 요구되는 것이므로 오직 연습을 쌓을 따름이다. 오직 글을 쓸 따름이다라는 자세를 잊지 않는 것이 중요하다.

1.2 제1언어의 간섭

대다수의 일본인들에게 제일 언어(L1=the 1st language, mother tongue)는 일본어이고 영어는 제2언어(L2)이다. 말하자면 처음에 알게 된 말(곧 모국어)이 일본어이고, 그 다음에 익힌 말이 영어인 것이다.

일본 사람이 영어를 배울 때에는 모든 단계에서 일본어가 튀어 나온다. 영어의 발음도 일본어 식으로 될 뿐만 아니라, 글을 쓸 때에도 나도 모르게 일본어처럼 영어를 쓰게 된다. 반듯한 문장 안에도 일본어식 사고가 드러난다. 기승전결(起承轉結)이라는 대표적인 일본어의 논리구성에서는 먼저 화제를 제시한다. 그러나 아직 그것에 대하여 무슨 말을 하고 싶은지 말하지 않는다. "승"에서 화제를 발전시키지만, "전"에서는 일단 화제에서 벗어난다. 마지막인 "결"에서 전체를 한데 연결하는 듯한 결론을 내리는데, 제일 말하고 싶은 것은 이 "결"에서 내놓는다. 영어에서는 논리의 흐름이 거꾸로 이다. 영어에

The 1st language: mother tongue

서는 먼저 화제를 제시하는 동시에 그것에 대해서 무엇을 말하고 싶은지를 처음에 밝힌다. 나머지 부분에서는 어째서 그런 말을 했는가에 관한 자신의 논점을 지지하는 문(文)을 쓴다.

따라서 일본어로는 전혀 위화감이 없는 문장을 그대로 영어로 옮기게 되면, 문장 하나하나는 문법적인 데도 전체로는 무슨 말을 하려는지 알 수 없는 문장이 되고 만다.

이와 같이 제일언어의 간섭이라는 것을 염두에 두고, 이 장에서는 일본어와는 다른 영문법의 시점에서 항목을 골라 봤다. 영문법에서도 일본어와 공통된 것은 이해하기 쉽고, 바르게 쓸 수 있다. 예컨대 "과거형"은 일본어에도 있으므로 쉽게 알 수 있고 작문에도 쓸 수 있다. 그러나 "현재완료"는 일본어에서는 과거형과 구별이 안되기 때문에 그 개념을 이해하는데 시간이 걸리고 이해하였다 하더라도 당장에 현재완료를 써보려는 생각이 나지 않을 뿐더러 제대로 쓰지도 못하고 만다. 제2언어 습득 시에는 문법의 기초로서 우선 일본어와 다른 점, 곧 일본어 화자에게는 까다롭고, 틀리기 쉬운 점을 확실히 짚고 넘어가는 것이 필요하다.

1.3 문법

1.3.1 관 사 – Articles –

관사에는 정관사 the와 부정관사 a(an)가 있는데, 그것을 달지 않는 경우도 있다. 관사는 원래 일본어에는 없는 것이므로 일본 사람이 구별해 쓰기가 어려운 문법항목이다. 관사의 오용은 큰 오해를 일으키는 것은 아니더라도 문장을 부자연스럽게 만들고 따라서 읽기가 어렵다는 인상을 주는 논문을 만든다. 학술지의 투고논문이 관사의 오용이 많으면 심사에 통과할 수 없을 수도 있다. 관사의 기본 규칙은 대체로 아래와 같다.

(i) 셀 수 있는 단수 명사는 이미 언급된(따라서 특정된) 것에는 the를, 처음 나온(따라서 특정되지 않은) 것에는 a(an)을 단다.

원래 관사의 the는 지시대명사인 that가 줄어든 것이다. 따라서 대화의 상대가 「그~」가 어느 것인지 알고 있을 때 다는 것이고, 「그~」라는 것을 상대가 「어느~」 것인지를 모를 때는 써서는 안된다. 이 기준에 따라 예를 들어본다. (이유는 예문 다음에 제시한다.)

- By *the* method explained before, we...
  [앞에서 설명한 방법으로]라는 뜻이므로 어떤 방법인지는 독자가 알고 있다.
- We explain *a* method to obtain...
  [....를 얻기 위한 방법을 설명한다.]는 것이므로 어떤 방법인지는 이 시점에서 독자가 알 수 없다. 처음 나오는 method이므로 the를 쓸 수 없다.
- In *a* previous paper, we have shown...
  [앞에서 발표한 (한) 논문에서, ...를 제시한 바 있다]는 뜻이며, 앞에서 발표한 논문 중 어느 것을 특정하지 않았다. 여러 편의 논문 중의 한 논문이므로 the가 아니라 a가 된다.
- Force $f(t)$ is *a* function of time t.
  [힘 $f(t)$는 시간 t의 함수이다.]라는 뜻이고 , 특정한 함수를 나타내지 않으므로 a가 된다.
- Force $f(t)$ is *the* function defined by Eq. (1).
  [힘 $f(t)$는 식(1)에 의해서 정의된 함수이다.]라는 뜻이며, 함수가 특정화되므로 the가 붙는다.

(ii) 셀 수 있는 복수의 명사는 특별히 지정할 때 외에는 일반적으로 관사를 쓰지 않는다.

여기서도 규칙 (i)이 적용된다고 생각해도 무방하다. 다시 말해서 이미 나온 복수명사는 대상이 무엇인지 알고 있으므로 the를 달고, 처음 나오는 복수명사에는 아무 것도 달지 않는다는 뜻이다. 아래의 예문의 밑줄(__)은 관사가 없다는 표시이다.

- _____ Data by *Noyori* show...
  [노요리의 데이터에 의하면...]이라는 뜻이고, 노요리의 어느 데이터인지 지정할 필요가 없을 때는 무관사가 된다.
- We adopted this method. *The* results are ...
  [이 방법을 사용했다. 그 결과는 ...]라는 뜻이다. 「결과」라는 복수명사 자체는 처음 나오지만, [방법을 사용한 결과]이므로, 의미상 필연적으로 「어떤 결과」인지 특정할 수 있으므로 the가 필요하다.
- 셀 수 없는 물질명사나 추상명사, 또는 물질명사에 가까운 집합명사의 경우에도 규칙 (ii) 를 따른다.
- He found _____ gold.
  gold는 물질명사이고, 처음 나왔으니까 무관사이다.
- The Japanese are known for _____ dexterity with fingers.
  [일본 사람들은 손재주로 알려져 있다.]라는 글인데, 솜씨라는 뜻의 dexterity는 추상명사이며 셀 수 없는 명사이다.
- _____New machinery was installed.
  [새 기계를 설치하였다.]는 뜻이며, 처음으로 나와 특정되지 않았으므로 무관사가 된다. 그런데 machinery는 집합명사이지만 물질명사에 가깝고 언제나 단수로 취급한다.

(iii) 그 밖의 규칙

- made by _____ annealing
  annealing(풀림)은 동명사이며, 동명사에는 일반적으로 관사를 달지 않는다.

- *a* glass of water

  water는 물질명사이며 관사를 달지 않는다. glass가 정량을 표시하는 단위이다. glass뿐만 아니라 물이 들어있는 것이라면 이와 똑같이 쓸 수 있다. ㉰ a bowl of water, a pot of water 등. 복수라면 two glasses of water 처럼 단위의 부분을 복수형으로 만든다.

- ~ is sold by *the* yard.

  [~은 야드로 판다.]처럼, 야드가 매출단위라는 것을 나타내며, 그 외의 단위로는 팔지 않는다는 뜻이다. 이런 경우에는 the를 붙인다.

- for ___ example

  원래 example은 가산명사이므로 a 또는 the가 붙는다. 그리고 관사를 달지 않는 경우에는 복수형으로 할 필요가 있다. 그러나 이것은 관용구이므로 더 이상 첨가해서는 안된다.

- as *a* function of …

  […의 함수로서]라는 뜻의 관용구이다.

- The results are in good ___ agreement.

  in agreement는 「일치한다」는 뜻의 관용구이다. 「잘 일치한다」는 뜻이고, 위 문장에서 처럼 good를 붙여도 된다.

Study of Newton's theory

- *The x*−axis is ...

  x 좌표축이라는 뜻으로 특정화되어 있으므로 the를 붙인다. 다만 Axis *x* 라고 할 때는 the가 필요없다. 이 경우는 Building A (A관)이라고 말하는 것과 같은 용법이다.

- make *an* angle θ

  θ라는 기호로 표시되는 각도로서 실제로 허다한 각도가 있을 수 있는 경우에 an을 붙인다.

- ___ Newton's theory

  [뉴튼 이론]이라고 말하듯이, 인명에 소유격의 아포스트로피(')를 달 때는 관사가 필요없다.

- *the* Newton theory

  인명을 소유격으로 만들지 않을 때는 the가 필요하다. 다만 the를 붙이면 가령 뉴튼 이론이 복수인 경우 그 중의 「어떤 특정이론」이라는 뜻의 뉘앙스가 생긴다(Newton' s theory에는 그것이 없다). 따라서 문맥 안에서 중력의 법칙을 가리키는 것이 분명할 때는 the Newton theory만으로 족하지만 그렇지 않은 때는 the theory of gravitation처럼 그 내용을 표시하면 오해를 피할 수 있다.

- rotate at *the* speed of 100 rpm

  [매 분 100회전의 속도]처럼 속도가 지정되어 있으므로 the가 필요하다.

- at *a* speed lower than 100 rpm

  매 분 100회전 이하라면 어떤 속도라도 무방할 때 속도범위를 나타내는 뜻에서 a가 된다.

  in__Appendix 1

  번호로 지정되어 있고 번호가 명사(여기서는 appendix) 다음에 올 때는 관사가 붙지 않는다. 공항탑승구의 Gate 25(25번 게이트)도 똑같다.

  in__Eq.(2), the length...

  앞의 예와 같다. 식(2)라는 것이고, 번호로 지정되어 있어 숫자가 명사

뒤에 올 때는 무관사가 된다.

- by *the* perturbation method

독자들이 주지하는 방법이고 진동법이라는 것은 하나밖에 없으며, 그런 뜻으로 특정화되어 있으므로 the가 붙는다.

- *the* University of New York. ___Cambridge University

of가 있을 때는 the를 사용한다. of 가 없을 때는 the가 붙지 않는 것이 보통이다. 더욱이 대학명은 등록상표나 마찬가지로, 마음대로 the New York University로 고쳐 써서는 안된다.

- ___UNESCO

두문자(頭文字)로 된 단어를 애크로님(acronym)이라고 하는데 애크로님에는 관사를 생략하는 경우가 있다.

- Let us consider the example of *a* distance of 5 cm.

저자가 임의로 정한 길이로, 반드시 5 cm가 아니더라도 괜찮을 때에는 a를 붙인다. example에 the가 붙는 것은 꼭 5 cm가 아니라도 괜찮은 길이를 「5 cm로 했을 때의 예」라는 뜻으로 특정화했기 때문이다.

- ___ Diagnosis of Machinery(Title의 예)

논문제목의 머리말에는 a를 생략해도 된다. On a Diagnosis of Machinery와 뜻이 같다. 더욱이 논문제목에서는 각 단어의 첫 글자는 대문자로 하지만, 관사, 전치사, 접속사는 대문자로 하지 않는다.

- ___ nut and bolt

「너트와 볼트」처럼 대구(對句)일 때는 무관사가 된다. knife and fork, cup and saucer, man and wife, day and night 등도 같다.

- go to ___ university

university가 건물이 아니고 「면학」이라는 목적을 나타낼 때는 무관사가 된다. 이 밖에도 go to church, go to school의 예가 있다.

- I have ___ red and blue balls.

이것은 I have *a* red ball and *a* blue ball.을 한데 줄여서 만든 예이다. I have *a* red and *a* blue balls.나 I have *a* red and blue balls는 틀린 말이다.

1.3.2 명 사 – Nouns –

영어의 명사는 셀 수 있는 명사(가산명사, 可算名詞: countable nouns)와 셀 수 없는 명사(불가산명사: uncountable nouns)로 나눈다. 그리고 가산명사는 단수와 복수로 명확히 구별한다. 일본어에는 없는 명사 이분법이기 때문에 일본어 화자에게는 매우 귀찮고 까다롭게 보이는 문법항목이다. 가산명사 또는 불가산명사인가에 따라 관사의 사용법도 달라지기 때문에 1.3.1항의 관사와 함께 명사의 사용법을 확실히 파악해야 한다. 여기서는 가산, 불가산의 구별의 관점에서 이야기하겠다. 영어에서 가산명사와 불가산명사의 구별은 아래와 같다.

(1) 보통명사와 집합명사는 가산이지만 고유명사, 추상명사, 물질명사는 불가산이다.

○ 가산명사의 예

samples, films, particles, neutrons, references, experiments, considerations, theories, investigations, results, differences, difficulties

○ 불가산명사의 예

water, air, wood, iron, helium, help, truth, paper, advice, news, knowledge, information, literature, work, baggage, luggage

명사 가운데는 의미에 따라 가산이 되거나 불가산이 되는 것도 있다. 그런 명사가 의외로 많다. 그 대표적인 것이 paper 이다. 예컨대

- Wrap it in *paper*.

  「종이로 싸다.」 종이라는 뜻이며, 물질명사이므로 불가산이다. 종이 한 장이라고 말할 때는 one piece/sheet of paper라고 한다.
- I bought two *papers*

  「신문을 두가지 샀다.」 보통 명사 이므로 가산이 된다.
- He submitted two *papers*.

  「논문 두 편을 투고했다」라는 뜻이고, 보통명사이므로 가산이다.

다음과 같은 물질명사는 뜻이 비슷한 보통명사가 있어 틀리기 쉬우므로 주의해야 한다. 이것으로도 알 수 있듯이 의미를 생각해 보아도 가산인지 불가산인지 판단할 수 없는 명사가 많다. 새 명사를 외울 때는 가산인지 불가산인지를 함께 외우는 것이 좋다.

○ 의미가 비슷한 물질명사와 보통명사의 예

baggage(수하물－물질명사)와 bag(주머니－보통명사),
grass(풀－물질명사)와 leaf(잎－보통명사),
shade(그늘－물질명사)와 shadow(그림자－보통명사),
tobacco(담배－물질명사)와 cigar(엽궐련－보통명사)

집합명사는 그것이 한 단위를 나타낸다고 볼 때는 집합명사와 똑같이 취급하고, 부정관사 a(an)를 붙이거나, 복수형으로 만들 수 있다.

- There is *an* American family living in this town.

  Ten *families* are living in this small town.

그런데 집합명사가 주어일 때 형태는 단수이지만 복수 취급을 하는 것은 까다로울 수 있다. 다음 예를 보자.

- My family *lives* in Nagoya.
- My family *are* all tall.

첫 예문은 「나의 가족은 나고야에서 살고 있다」는 뜻이므로 family는 단수로, 동사에는 3인칭 단수 현재(3단현)를 나타내는 −s가 붙는다. 이에 대하여 다음 예문의 동사는 is가 아니고 are이다. my family는 형태상 단수이지만 내용을 생각해서 복수로 취급하는 것이다. 곧 my family를 하나의 단위로 보는 것이 아니고, 개개의 구성원에 주목하고 있으므로 복수로 다루는 것이다. family와 같은 집합명사로는 다음과 같은 것이 있다.

○ 집합명사의 예

army, navy, committee, couple, team, class, crew

집합명사에 대하여 더욱 주의해야 할 것은 위와 같은 보통명사(단수형으로도 복수형으로도 되는)적인 것과, 물질명사적인 것이 있다는 것이다. 물질명사적인 집합명사는 복수의 −s를 갖지 않고, 항상 단수로 취급하며 수량을 나타낼 때는 much, (a) little를 쓴다. 다만 물질명사적인 집합명사의 수는 그다지 많지 않다. 물질명사적인 집합명사로는 다음과 같은 것이 있다.

○ 물질명사적인 집합명사의 예

machinery(기계류), clothing(의류), equipment(설비), stationery(문방구)

- How *much* new machinery has been installed?

「새 기계류가 얼마나 많이 설치되었습니까?」 그리고 물질명사는 「단위표시어 + of」를 달아서 셀 수 있듯이, 물질명사적인 집합명사도 같은 식으로 해서 셀 수 있다. 예컨대 machinery는 a *piece of* machinery, two *pieces of* machinery 식으로 쓸 수 있다. 이 경우 단위표시어는 모두 piece로 나타낼 수 있다.

○ 언제나 복수로 취급되는 집합명사

집합명사에 관해서 마지막으로 주의해야할 것은, 물질명사적인 집합명사와는 반대로 언제나 복수로 취급되는 것이 있다는 점이다. 그러한 집합명사는 그리 많지 않으며, police를 외워두면 될 것이다.

- The police *are* looking into the matter.
  「경찰이 그 사건을 조사 중이다.」
- Several police *are* patrolling the city.
  「여러명의 경관이 도시를 순찰 중이다.」

기술영어와는 아무런 관계가 없지만, 집합명사의 취급, 특히 물질명사적인 집합명사와 항상 복수로 취급되는 police 등은 TOEIC 같은 영어능력시험에 되풀이 나오는 문제이다.

(ii) 가산명사는 단수형에 a(an) 또는 the를, 복수형에는 무관사 또는 the를 붙인다.

단수형, 복수형, 각 명사의 종류와 관사의 조합을 정리하면 아래와 같다.

- a/an + 단수명사(보통명사, 집합명사)
- the + 단수명사(보통명사, 집합명사, 물질명사, 추상명사)
- the + 복수명사(보통명사, 집합명사)
- ___ + 단수명사(고유명사, 물질명사적인 집합명사, 물질명사, 추상명사)
- ___ + 복수명사(보통명사, 집합명사)

보통명사의 단수에는 a(an) 또는 the를, 물질명사에는 the를 쓰거나 무관사가 되는 관사의 사용에 대한 문제는 1.3.1항에서 이미 다루었다. 위의 조합이 이해가 가지 않으면 명사의 종류, 관사의 사용에 관해서 다시 한 번 읽고 이해하도록 하자.

(iii) 불가산명사는 복수형을 취하지 않는다.

이 규칙은 어떤 것이 불가산명사인지를 모르면 지키기 어렵다. 의미만으로 가산인지 불가산인지를 어느 정도 추측할 수 있지만, 어째서 이것은 셀 수 없는 명사이고, 저것은 셀 수 있는 명사인지 이해하기 어려운 명사도 많다. 이런 것은 하나하나 따로 외우는 수밖에 별도리가 없다. 가산, 불가산 명사로 틀리기 쉬운 단어를 들어 본다.

- He gave me good *advice*. He gave me a lot of good advice.
  advice는 물질명사이고 불가산명사이다. 따라서 「많은」의 경우에는 many를 쓸 수 없다.
- Much *work* exists.
  이 work는 「연구」의 뜻이지만, 「일」이라는 뜻도 불가산명사이다. work는 미술작품, 문예작품의 의미로 쓰일 때는 가산명사가 된다. 예컨대 the complete works of Shakespeare 「셰익스피어 전집」이다. 이와 비슷한 단어로 「연구」라는 뜻의 study는 아래처럼 가산명사이다.
  cf. Two studies exist.
- He did a lot of *research* in this field.
  일반적으로 「조사, 연구」일 때는 복수형이 되지 않는다.
- The *following* is(are) clarified.
  이것은 「다음(과 같은) 것이 분명해졌다」는 의미이며, 「다음 것」이 한 가지, 한 항목일 때는 단수가 되지만, 복수의 항목을 포함할 때는 복수가 되는 경우이다. 이런 뜻에서는 집합명사와 비슷하다. 그리고 The followings are clarified. 처럼 복수형의 –s를 붙인 것은 잘못인데 자주 눈에 띈다.
- Much *literature* on this subject is listed.
  「많은 문헌」이라는 뜻인데, 물질명사이므로 복수형이 되지 않는다. 따라서 is로 받는다.

(iv) 단수형과 복수형이 똑같은 것이 있다.

보통명사인데 복수형일 때도 명사의 형태가 바뀌지 않고 단수형과 똑같은 것이 있다. 그리고 복수형처럼 보이지만 단수형도 똑같은 것이 있다. 일상생활에서 수(數)가 중요하지 않는 명사(예컨대 무리를 이루는 sheep) 따위가 단복동형이 되었는지 모른다. 이런 것은 가산, 불가산명사와 마찬가지로 그 이유를 너무 따지지 않고 외워두는 것이 좋다.

○단복동형의 예

a fish/many fish ; a sheep/ many sheep ; a Japanese/many Japanese ; a Chinese/many Chinese ; a hundred/three hundred ; one thousand/five thousand ; one series/two series ; a means/many means(수단)

예컨대 「200파운드를 지불했다」라는 문장은

- I have paid two *hundred* pounds. 가 된다.

hundred에는 -s를 붙이지 않지만 pound는 복수형으로 만든다. *hundreds of* pounds(수백 파운드)라는 표현에서는 hundred에 -s가 붙지만, 이것은 hundreds of ~라는 숙어로서의 용법이다. 마찬가지로 「수천」이라는 뜻의 thousands of ~라는 숙어도 있다.

(v) 그리스어와 라틴어에서 유래한 단어로서 복수형을 쓰는 것.

명사 가운데는 보통의 복수형 어미 -s가 아니고, 다른 복수어미를 취하는 것이 있다. 이런 것은 원래 그리스어 또는 라틴어 단어이다. 과학영어뿐만 아니라 일반적인 학술영어에는 그리스어와 라틴어에서 유래한 단어가 많으므로 접할 기회가 많을 것이다. 복수형을 만드는 데는 어느 정도의 규칙이 있어 유추가 가능하다.

- [-a→ -ae] antenna→antennae ; formula→formulae(formulas도 가능함) ; larva→larvae(larvas도 가능함)
- [-ex→ -ices] index→indices(지수), indexes(색인) ;vortex→vortices (vortexes도 가능함)
- [-ix→ -ices] appendix→appendices ; matrix→matrices

- [－is→ －es] analysis→analyses ; axis→axes ; basis→bases ; crisis→crises ; hypothesis→hypotheses ; parenthesis→parentheses ; thesis→theses(덧붙여 말하면 이 -is가 -es로 바뀔 때 발음도 변한다. 복수형의 －es는 다소 길게 늘려 발음한다. 예 : thesis[···sis]→theses[···siz]
- [－on→ －a] criterion→criteria ; phenomenon→phenomena
- [－um→-a] datum→data ; erratum→errata ; maximum→maxima (maximums도 가능함) ; medium→media(mediums도 가능함) ; spectrum →spectra ; symposium→symposia ; vacuum→vacua
- [－us→ －i] focus→foci(focuses도 가능함) ; genius→genii(geniuses도 가능함) ; fungus→fungi(funguses도 가능함) ; locus→loci ; nucleus→nuclei ; radius→radii

(vi) 학술명으로서 복수형처럼 보이지만 단수 취급인 것이 있다.

○ 학술명의 예

news, politics, calculus, economics, mathematics, linguistics, physics, ergonomics

이상 명사들은 맨 끝의 s 때문에 복수형으로 보이지만, 모두 불가산명사이며 단수로 취급한다.

- Physics *is* difficult.
  [물리는 어렵다.]
- No news *is* good news.
  [무소식이 희소식.]

(vii) 형용사적 용법의 명사는 언제나 단수로 쓰이며, 보통 하이픈(hyphen, -)으로 연결된다.

[형용사적 용법의 명사]란 명사를 수식하는 명사를 말하며, 수량이나 시간의 길이를 나타내는 것이 많다.

○ 형용사적 용법의 명사의 예

a three-*year*-old baby, a two-*week* holiday, a five-*centimeter* screw(5 cm의 나사)

이 경우 수식하는 명사는 단수로 해야 한다. 그리고 saw-*tooth* wave(톱니파도)라고 말할 때도 tooth는 수식하는 명사이므로 teeth가 아니고 단수형의 tooth가 된다.

(viii) 문자, 숫자의 복수형에는 -'s를 붙인다. 약어의 복수형은 하나하나 외워둔다.

○ 문자나 숫자의 복수형의 예

two A's(두개의 A), two 3's(두개의 3), the 1970's(1970년대)

-'s는 소유격처럼 보이지만 복수형을 나타낸다. 본래는 복수형을 나타내는 -s만으로 족하며, 실제 아포스트로피(apostrophe)를 쓰지 않는 형도 볼 수 있지만, 문자 · 숫자의 복수형에는 아포스트로피를 붙이는 것이 정식 용법이다(단, 숫자가 10개 이상의 경우에는 아포스트로피가 없는 s만으로도 무방하다는 편집방침서나 학회지도 있다).

○ 약어의 복수형의 예

Drs.(박사), pp.(페이지, 쪽), ll.(행)

TA(teaching assistant)→TAs 식으로 쓴다. 또한 특수한 예로 p.(페이지) 나 l.(행)과 같은 약어를 겹쳐서 pp.나 ll. 식으로 쓰는 경우가 있다.

- *Drs*. Johnson and Smith [존슨 박사와 스미스 박사)
- Refer to *pp. 15–17*. [15쪽에서 17쪽을 참조할 것.]

이상은 편집방침에 따라서 복수, 단수 양쪽을 p.로 통일하는 경우와, 약어라도 일반적인 약어인 p.는 피리어드(구두점) 없이 p로 쓰는 경우처럼 통일되어 있지 않다. 투고규정을 확인하는 것이 제일 좋다.

1.3.3 동 사 – Verbs –

동사는 문의 핵(core)이다. 말하자면 사용할 동사가 정해지면 문형은 반드시 정해진다. 영문을 쓸 때는 먼저 동사를 결정하고, 그 다음에 그 동사의 주어를 생각한다. 문장의 다른 요소－전치사는 어떤 것을 쓸 것인가, 목적어는 있어야 하는가, 목적어는 몇 개가 있어야 하는가－의 정보는 동사 여하에 달려 있다. 예컨대「뉴스가 메어리에게까지 전해 졌다」는 것을 영어로 말하고 싶다고 하자. 영문을 쓸 때 일본어 단어를 하나하나 번역하는 방법은 능률이 가장 떨어지는 것이므로「전해 졌다」라는 단어가 영어로는 무엇인가를 생각할 필요는 없다(물론 알고 있다면 베스트이지만). 더군다나「에 까지」를 영어로는 뭐라고 하는가 따위를 묻는 것은 불필요하다. 중요한 것은「뉴스가 전달되어 그것이 메어리에게까지 갔다」라는 상황을 영어로 표현하는 것이므로 여기서 쓸 수 있는 가장 간단한 동사는 go일 것이다. 그렇다면「go 한다」의 주어는 news가 아니면 안된다. 그리고 go에는 보통 to～라는 명사구가 따르므로「뉴스가 메어리에게까지 전해졌다」라는 상황을 나타내는 영문은 The news went to Mary.가 된다.「전해 졌다」를 reach로 한다면 The news reached Mary.(reach는 타동사)가 된다. 동사만을 따로 외우더라도, 그것이 어떤 구문을 취한다는 것을 알고 있지 않으면 그 동사를 쓰지는 못한다. 동사를 외울 때는 예문 하나도 외우라고 하는 이유가 바로 여기에 있다.

그리고 앞의 문장은 발상을 바꾸면 Mary heard the news.로도 표현할 수 있다. 즉, 이상의 세 문장은 똑같은 사실관계를 나타내고 있는 것이다. 동사를 정할 때 어떤 표현을 쓰면 의미(곧 사실관계)를 간결하게 말할 수 있는 지 생각해 보는 것이 좋다. 여기서는 일본 사람이 특히 틀리기 쉬운 동사의 사용법에 관한 다섯 사항을 설명하기로 한다.

[1] 타동사와 자동사의 구별

이것은 문형과 관련 있는 기본사항이므로 항상 의식하고 있어야 한다. 목적어가 있는 동사는 타동사, 목적어가 없는 것은 자동사이지만 많은 동사가 양쪽으로 쓰이기 때문에 성가시기만 하다. 또한 영어의 목적어는 일본어의 [~을(를)]뿐만 아니라 [~가]나 [~에게]도 포함할 때가 있으므로 주의해야만 한다. 영어의 목적어의 정의는 지극히 단순하다. 동사 뒤에 전치사없이 곧 바로 나오는 명사를 목적어라고 부른다. 영어의 목적어의 정의는 의미가 아니고 동사의 바로 뒤라는 어순에 따라 내려진다는 점에 주목해주기 바란다. 그래서 순환정의 같지만 타동사란 바로 뒤에 명사를 수반하는 동사를 말한다고 하겠다. 동사 뒤에 전치사가 오면 자동사라고 생각해도 된다. (다만 여기서는 어디까지나 독립된 동사 하나에 한해서 하는 말이고, 숙어는 고려하지 않는다. 예컨대 타동사인 give는 up과 합치면 「단념한다」는 숙어가 되는데 여기서 up이 있다고 해서 give를 자동사라고 하지는 않는다.)

- He cannot *speak*. (자)
- He does not *speak* to me. (자)
- He *speaks* English. (타)

영어의 목적어는 일본어의 「을(를)」뿐만 아니라 [~가]나 [~에]도 포함하는데 거꾸로 일본어의 [~에]에 질질 끌려서 영어에서는 원래 타동사인 동사에 to를 붙이는 잘못을 종종 볼 수 있다.

- We *reached* ~~to~~ the conclusions.

  reach는 타동사 용법 밖에 없다. 따라서 to는 필요하지 않다. 덧붙여 말하면 reach와 같은 뜻인 arrive는 자동사이다. cf. He *arrived* at school. 다시 말해서 자동사와 타동사의 구별은 의미에서 오는 것이 아니다.

- *Answer* ~~to~~ the question.

  질문 따위에 「답하다」라는 answer는 타동사 용법이므로 to는 필요치 않다. 동의어로 reply[편지 따위에 회답하다], respond[응답하다], comply[요망에 응답하다]가 있는데, 이 셋은 모두 자동사이므로 reply *to*, respond *to*, comply *with* 식으로 전치사가 있어야 한다.

• We *discuss* ~~about~~ the problem.

「~에 대해서 이야기를 나누다, 논의하다」라는 뜻인 discuss는 타동사이며, about를 써서는 안된다. 동의어인 argue는 반대로 자동사이다.

cf. We *argued about* the problem.

○ 자동사와 타동사이면서 의미가 달라지는 예

become (자) 되다/(타) 어울리다 ; stand (자) 서다/(타) 견디다 ; suffer (자) 괴로워하다/(타) 겪다, 입다 ; run (자) 달리다/(타) 경영하다

• He runs for an hour every day.

「그는 매일 1시간 달린다.」

• He runs a company.

「그는 회사를 경영하고 있다.」

○ 불완전 자동사의 예

be, appear, seem, become 등 보어가 따르지 않으면 의미가 완결되지 않는 자동사를 불완전 자동사라고 한다.

S(주어) +V(동사) +C(보어)의 문형에서는 주어의 상태를 보어가 설명하고 있어, S=C이다.

• He *became* ~~to~~ a scientist.

become은 자동사이다. 이 문의 scientist는 목적어(object)가 아니고 보어(complement)이다. to는 필요치 않다.

○ 수동태

• The set-up *consists of* A and B. (정)

[그 장치는 A와 B로 되어 있다.]

• The set-up *is consisted of* A and B. (오)

[…으로 되어 있다]는 뜻인 consist는 반드시 of를 수반하며, 자동사이다.

영어에서 수동태가 되는 것은 타동사뿐이고, 자동사가 수동태로 되는 일은 없다. 위와 같은 잘못은 「~으로 되어 있다」는 같은 뜻의 표현인 be composed of~, be comprised of~, be made up of~의 유추에서 생겼는지 모른다. 어떻든 수동태를 쓰는 것과 그렇지 않는 것을 정확히 구별하는 것이 필요하다.

[2] 주어와 동사의 일치

관사나 가산/불가산명사처럼, 이것은 일본어에는 없는 영문법 규칙이다. 현재시제의 동사의 형이 주어에 따라서 변하는 규칙으로서 명사가 주어일 때 단수형, 또는 복수형인가에 따라서 동사에 -s를 붙일 것인지 그러지 않을 것인지를 결정해야만 한다. 여기서는 단수형인지 복수형인지 판단하기 어려운 명사나 대명사를 살펴보기로 한다.

○사람을 가리키는 부정(不定) 대명사

㉮ : one, everyone, everybody, no one, nobody, anyone, anybody, someone, somebody

이상은 주어일 때 단수형으로 취급되는 대명사이다.

• *One has* to be careful not to confuse the two results.

[그 두가지 결과를 혼동하지 않도록 주의하지 않으면 안된다.] 이런 경우의 one은 글 쓴 사람을 포함하여 「우리들」의 뜻이지만 단수형으로 취급한다.

• *No one is* allowed in the laboratory.

[실험실에는 아무도 들어갈 수 없다.]

• *Anybody is* welcome to come.

[아무나 환영이다.]

○그 밖의 부정 대명사

㉮ : each, either, neither

이것도 단수 취급이다.

• *Each* of the shafts *works* simultaneously.

[저마다의 샤프트는 동시에 작동한다.]

• *Neither* of the shafts *is* widely used today.

[샤프트의 어느 쪽도 지금은 널리 쓰이지 않는다.]

그리고 앞의 예문에서 each나 neither는 대명사이지만, 형용사로도 쓰이며, 같은 뜻을 나타낼 수 있다.

• *Each shaft works* simultaneously.

• *Neither shaft* is widely used today.

either도 마찬가지로, 대명사로도 형용사로도 사용된다. 구문도 each나 neither를 따른다. 앞의 세 낱말은 대명사, 형용사의 용법의 어느 쪽이든 단수형으로 쓰인다는 점을 외워두면 좋겠다.

○ 형용사 + 명사

㉨ : some boy, some boys, some research, all students, all water, most students, most research

위 형용사는 뒤에 오는 명사에 따라서 단수형 아니면 복수형이 정해진다.

• *Some boy does* it.

「어떤 남자 아이」라는 의미를 나타낸다. 관사인 a와 비슷하다.

• *Some boys do* it.

「몇 명의 남자 아이」라는 의미를 나타낸다. some의 보통용법이다.

• *Some research shows* that …

[몇몇 연구는 … 보여준다.] research는 물질명사이고 불가산이므로 단수형으로 받는다.

• *All students are* required to …

[모든 학생은 … 하지 않으면 안된다.]

• *All water has* evaporated.

[모든 수분이 증발했다.] water는 물질명사이므로 단수형으로 받는다.

- *Most students want* to improve their English.
- *Most success is* gained through constant effort.

  [대부분의 성공은 부단한 노력으로 얻어진다.] success는 추상명사이므로 불가산이기 때문에 단수형으로 받는다.

○ 수량 대명사

예 : both, few, a few, many, several

이상은 복수형 취급의 대명사이다.

- Of the problems to be solved, *few are* serious.

  [해결되어야 할 문제 가운데 심각한 문제는 거의 없다.]
- *Both are* difficult questions to answer.
- *Many prefer* meat to fish.

  [생선보다 육류를 좋아하는 사람이 많다.]

앞에서 나왔던 each, either, neither와 마찬가지로 형용사로도 쓸 수 있다.

- *Few questions are* serious.
- *Both questions are* difficult to answer.
- *Many people prefer* meat to fish.

○ and로 연결되는 주어

보통은 단수형 취급의 물질명사나 추상명사라도 and로 연결되면 전체는 복수형으로 취급된다.

- Research *and* development *are* the key issues.
- Oxygen *and* hydrogen *are* what water is made up of.

○ either~or~나 neither~nor~로 연결된 주어

or 나 nor로 연결된 주어는, 명사가 단수형이면 단수형으로, 복수형이면 복수형으로 받는다.

- *Either* American currency *or* Japanese currency *is* acceptable.
  [미국통화나 일본통화는 쓸 수 있다.]
- *Neither* the result *nor* the argument *is* convincing.
  [결과도 의논도 설득력이 없다.]
- *Neither* apples *nor* oranges *grow* in this area.
  [사과도 오렌지도 이 지역에서는 자라지 않는다.]

○ 집합명사

㉥ class, family, team, group, flock, crew, audience, enemy, club, orchestra 등

1.3.2항의 복습이 되지만, 집합명사는 전체를 한 단위로 생각할 때는 단수형으로 다루고, 구성원에 주목할 때는 복수형으로 다룬다.

- His *family is* a large one.
- His *family are* all well.

최근의 미국영어에서는 구성원에 주목할 때는

His *family members are* all well.처럼 단어 하나하나를 내세우는 것을 선호하는 것 같다. group members, enemy soldiers 등도 같다.

○ 논문이나 책 제명, 국명 등

제명의 예 : Manipulator Dynamics, Electric Circuits, Robot Hands and the Mechanics of Manipulation

국명의 예 : The United States of America, The Netherlands

고유명사는 복수형으로 되어있어도 한권의 책, 하나의 국가를 가리키고 있으므로 단수형으로 취급한다.

- "Robot Hands and the Mechanics of Manipulation" *was* written in 2000.
- *Electric Circuits* by Prof. Smith *is* used as our textbook.

책 제명에는 이처럼 quotation marks를 쓰거나 이탤릭체로 쓴다.

• *The United States of America is* a strong country.

• *The Netherlands has* an advanced welfare system.

○ 존재구문(存在構文) There *is*~, There *are*~

There is/are~로 시작하는 문장을 존재구문이라고 한다. 존재구문의 주어는 첫머리의 there가 아니고 동사 다음에 오는 명사이다. 따라서 동사 뒤의 명사로 동사의 형을 정해야 한다.

• There *is* some evidence that the suspect came back.
[용의자가 돌아왔다는 증거가 있다.]
evidence는 물질명사로 불가산이므로 동사는 is이다.

• Recently there *have* been a number of investigations into …
[최근 …의 연구가 몇 가지 이루어지고 있다.]
investigations에 호응하여 has가 아니고 have가 된다.

[3] 수식어로서의 현재분사와 과거분사의 가려쓰기

어느 쪽이나 동사에서 만들며, 형용사와 동사의 성질을 함께 갖고 있다. 현재분사는 명사, 대명사를 능동적으로 수식하고, 과거분사는 수동적으로 수식한다.

• the expression *defining* the notation *m* is …

• the notation *m defined* by this expression is …

앞의 현재분사의 의미는 「기호 *m*을 **정의하는** 식…」이며, 뒤의 과거분사의 의미는 [이 식에 의해서 **정의된** 기호 *m*은…]이다. 현재분사는 능동적(「하다」), 과거분사는 수동적(「되어지다」)으로 수식한다는 것은 이런 뜻이다. 수동태가 되는 것은 타동사뿐이며, 자동사를 과거분사로 만들어서 명사를 수식할 수는 없다. 아래의 문장에서, sparkle(「반짝이다」)은 자동사이므로 첫 번째 문은 맞지만, 두 번째 문은 틀리다.

• The particle *sparkling* in the liquid is … (정)

[액체 안에서 반짝이는 입자는 ……]

- The particle *sparkled* in the liquid is ……(오)

  만일 [액체 안에서 반짝이던 입자는 …]이라고 말하려면

- The particle *which* sparkled in the liquid is …처럼 관계대명사 which 나 that를 집어넣어야 한다.

[4] 현재형과 현재진행형

현재형과 현재진행형이 일본어의 [~(하)다]와 [~(하)고 있다]에 대응한다고 생각하여 일본어에서 […고 있다]일 때는 언제나 be+~ing로 번역하면 위험하다. 일본어의 [~(하)고 있다]는 영어의 be+~ing 보다 훨씬 넓은 의미를 지니며 역으로 말해서 영어의 진행형은 범위가 [~고 있다] 보다 훨씬 좁기 때문이다.

○ 현재형

- Tommy sings.

  [타미는 노래한다.]라는 항상적인 사실의 묘사를 나타낸다. '타미는 가수이다' 라는 경우 등을 나타낸다.

○ 현재진행형

- Tommy is singing.

  [타미는 노래하고 있다.] 지금 타미가 소리를 높여 노래하고 있는 장면의 묘사를 나타낸다.

  영어의 현재진행형은 두 가지 의미 밖에 없다. 하나는 지금 눈앞에서 일어나고 있는 것(주로 동작)을 나타내며, 다른 하나는 예정된 가까운 미래의 일을 나타내는 의미이다. 가까운 미래를 나타내는 용법은 왕래발착(往來發着)을 나타내는 경우의 동사라고 불리지만, 특히 구어체에서는 이와 다른 동사에서도 쓰인다.

- I am leaving tonight.[나는 오늘밤 출발합니다.]

- They are arriving tomorrow. [그들은 내일 도착한다.]
- Tommy is singing at Club Quatro tomorrow. [타미는 내일 클럽 콰트로에서 노래한다.]

  내일의 타미의 예정을 나타낸다.

일본어에서는 [~고 있다]인데도 불구하고 영어에서는 진행형이 되지 않는 예를 몇 가지 들어본다.

○ 진형형이 되지 않는 예

- Figure 1 *depicts* …

  [그림 1은 … 나타내고 있다/그리고 있다.] 이와 비슷한 단어로는 describe(묘사하다), illustrate(그리다)가 있다. 어느 것이고 진행형으로는 쓰지 않는다.
- Table 2 *shows* the results of our experiment.

  [표 2는 우리들의 실험결과를 보이고 있다.]
- The system *consists of* a shaft and two disks.

  [시스템은 하나의 축과 두 개의 원판으로 이루어져 있다.]

수동태는 진행형이 되는 일이 우선은 없다고 생각해도 된다.

- The system *is treated* as a periodic time-varying model.

  [이 시스템은 주기적 시간-변화 모델로 다루어진다.] are being treated가 아닌 점에 유의하자.
- Analysis *is performed* to examine …

  […을 검사하기 위하여 분석이 이루어지고 있다.]
- In this paper, numerical Floquet Theory *is used to* explore …

  [이 논문에서는 …을 탐구하기 위하여 플로케의 이론이 쓰이고 있다.]
- The maximum *S* that *is achieved* over the range AB is …

  [AB의 범위에서 달성되는 최대 *S*는 … 이다.]

• The paper by Eshleman in 1999 *is well known*.
[1999년도 에슐먼 논문은 널리 알려져 있다.]

[5] 과거형과 현재완료형

○ 과거형과 현재완료형과의 차이

과거형과 현재완료형(have/has +과거분사)과의 결정적인 차이는, 과거형은 현재와 연결되어 있지 않지만, 현재완료형은 현재와 연결되어 있다는 점이다. 완료형은 말 그대로 어떤 동작이 완료되어 있다는 것을 나타내며, 지금도 그 완료된 상태가 계속되고 있다는 것이 현재완료형(present perfect)의 의미이다. 다음 예를 생각해 보자.

• I cleaned my room yesterday.

• I have cleaned my room.

위 예문을 비교해보면, 과거문은 그런 보장이 없지만, 현재완료문은 내 방이 지금도 깨끗하다는 것을 말하고 있다.

완료에는 「무엇인가가 끝났다」라는 의미가 반드시 따라다니기 때문에 이 점에서 과거형과 혼동하기 쉽다. 특히 현재완료형을 나타내는 일본어가 없는 우리로서는 이해하기가 어렵다. 현재완료형의 느낌을 억지로 일본어로 바꿔본다면 「…했다는 상태가 지금 있다」고 할 수 있을지 모르겠다.

○ 현재완료형의 기본적 용법

• I have finished my homework. (완료, [~하고 말았다])

• Have you ever visited the U.S.A? (경험, [~한 적이 있다])

• He has gone to America. (결과, [~하고 말았다])

• I have known him since he was a child. (계속, [지금까지 내내~ –고 있다])

중학교에서 현재완료형을 배웠을 때, 현재완료형의 의미로 4K인 [완료, 경험, 결과, 계속]을 외웠던 기억이 있으리라 생각하지만, 전혀 공통항이 없는 이들의 의미를 어째서 영어에서는 현재완료형이라는 한 가지 형으로 말할 수 있는지 이상히 여긴 것은 필자 한 사람만이 아닐 것이다. 이 4K에 공통되는 것이 [~한 상태가 지금 있다]라는 의미요소이다.

ㅇ과거형과 현재완료형의 가려쓰기

과거형과 현재완료형의 가려쓰기를 논문을 쓸 때의 주의점으로 들고 싶다. 우선 abstract(요지)를 쓸 때는 원칙적으로 현재형과 현재완료형으로 쓴다. 독자는 논문을 읽을 때는 맨 먼저 abstract를 읽는다. 따라서 abstract의 논조는 「이 논문은 … 이다」라는 현재형의 감각으로 통일시킨다. 가령 「실험을 했다」고 말할 때도 an experiment is conducted이며, 「결과를 얻었다」도 It is found that ~라고 쓴다.

- Many researchers *have employed*…

  [많은 연구자들은 …을 써왔다.] 이 [(지금까지) …해 왔다]는 표현은 일본어에서의 현재완료형의 표현으로 여겨진다.

- Previous research *has found* that …

  [앞의 연구에서는 …라는 것이 알려져 있다.] 무생물주어에 관해서는 1.4.2 항을 참조할 것.

- Flexible rotor-bearing systems *have been analyzed* by different mathematical methods.

  [탄성 로터-베어링 시스템은 갖가지의 수학적 방법으로 (지금까지) 분석되고 있다.]

마찬가지로 본문 안의 conclusion 및 summary 부분의 시제도 현재형이나 현재완료형으로 쓰는 경우가 많다.

- A finite element model *has been developed* for …

  […를 위한 유한요소 모형이 개발되었다.]

- The equation of motion for the element *is presented* …

  [요소의 운동방정식도 제시되어 있다.]

- Furthermore, it *is observed* that …

[더욱이, …라는 것이 관찰되었다.]

1.3.4 전치사 – Prepositions –

명사나 대명사 앞에 놓고(그래서 전치사로 불린다), 전체로는 형용사구나 부사구를 만드는 것이 전치사이다. 논문을 쓸 때 전치사 때문에 의외로 헤매기도 한다. 예컨대, 「~의 연구」를 영역할 때 study of …, study about …, study on … 등이 좋은 예인데, 「~의」를 어떤 전치사로 옮겨야할 지 알 수가 없다. 전치사의 선택에는 나름대로의 이유가 있을 때도 있지만, 특정한 동사, 형용사를 따르는 전치사는 습관적으로 정해져 있어, 이유를 생각해보는 것보다는 차라리 사전을 꼼꼼히 찾아서 외우는 것이 우선이다. 다시 말해서 전치사는 그것만을 옮기는 것이 아니라, 어떤 낱말의 앞 또는 뒤에 오는가에 주목하여, 전치사를 포함한 전체를 외우는 것이 효과적이다. 아래에 몇 가지 예를 들겠다.

- a study *of* …, research *in* …
  […의 연구]라고 말할 때 쓴다. 덧붙여 말하면, study는 가산명사이므로 a가 필요하다.
- Function $f(x)$ depends *on* x but is independent *of* y.
  [함수 $f(x)$는 x에 대해서는 종속적이지만 y에 대해서는 독립적이다.]
  depend on/upon, be independent of는 숙어이다.
- differ *from*
  「…와 다르다」라는 뜻의 숙어이다. 「…를 닮았다」는 resemble … 이며, 타동사이므로 to를 붙이면 틀린다.
- Function $f(x,y)$ is a function of x and y.
  [x와 y의 함수]
- data *on* temperature
  [온도의 데이터] on에는 「…에 관하여」라는 뜻이 있다. 더욱이 data는

datum의 복수형이지만, this data처럼 단수형으로 쓰일 때도 있다.

- discussion *about* this problem

  [이 문제에 관한 논의] 엄밀하고 약간 격식을 차린 기분으로 「이 문제에 관한 논문」이라고 표현하고 싶을 때는 discussion on this problem라고 쓴다.

- What shall we talk *about*?

  [무엇을 이야기해볼까요?]라고 생각하다보면 about를 곧잘 잊어버리고 만다. 구어에서는 about를 달지 않을 때도 있지만, talk about(~에 관해서 이야기하다) 식으로 전치사를 붙여서 자동사로 쓰는 것이 보통이다.

- She spoke *about* many things with her mother.

  같은 speak이지만 강연의 경우처럼 전문적인 내용에 관해서는 on을 쓰는 일이 많다. 예컨대, The invited professor spoke *on* stability problems.

- the City *of Seoul*

  [서울이라는 도시]에서는 of는 동격을 나타낸다. *Seoul* City도 좋다.

- Coke consists *of* mainly carbon.

  [콜라는 주로 탄소로 되어있다.] consist of ~는 숙어이다. consist of 에 관해서는 1.3.3항 (i)를 참조할 것.

- terms *on* the right-hand side of Eq. (I)

  [식(I)의 우변 항]이라는 뜻을 나타낸다. [우변의]의 뜻이며, on the right, on the right side도 된다.

- rotate *at* the speed of 1,000 rpm

  [매초 1,000회의 속도로 회전하다.]

- *in* the *x*-direction

  [x의 방향으로]라고 말할 때는 in을 쓴다.

- measured *to* the accuracy of 0.1

  [0.1의 정확도로 측정되어 있다]는 의미를 나타낸다. in은 틀리며 to를 쓴다.

- *to* the second approximation
  [두번째 근사치까지]라는 의미를 나타낸다. in은 맞지 않고 to를 쓴다.
- Let us focus our attention *on* this problem.
  [이 문제에 초점을 맞추도록 하자]라는 뜻을 나타낸다. 일본어에 끌려서 to로 하면 틀리고 on을 쓴다.

○군 전치사

영어에는 복수의 단어가 한 개의 전치사와 똑같은 구실을 하는 것이 있다. 이것을 군(群) 전치사(group preposition)라고 부른다. 군 전치사에는 아래와 같은 것이 있다.

- *according to* …
  [～에 따라서]
- *because of* …
  [～를 위해서] 이유를 나타낸다.
- *by means of* …
  [～에 의해서] 수단, 방법을 나타낸다.
- *in spite of* …
  [～임에도 불구하고] 역접적(逆接的)인 의미를 나타낸다.
- *out of* …
  [～의 안에서(밖으로)] 이에 대하여, from은 한 장소 또는 시간을 염두에 두고 [～에서 (분리해서)]라는 의미를 지닌다. 예컨대, He walked *out of* the shop ; I received a letter *from* him.
- *with regard(s) to* …
  [～에 관하여]

군 전치사의 용법은 전치사와 똑같으므로 그 뒤에 오는 단어는 명사이다. 절(clause)을 가져다놓으면 틀린다. 예컨대, 「비가 왔기 때문에」라고 쓰려면, *because of* it was raining이 아니고 *because of* the rain이라고 해야 한다.

1.3.5 형 용 사 – Adjectives –

형용사에 관한 문법상의 요점으로서 형용사의 위치와 수량에 관한 문제를 설명하기로 한다.

[1] 형용사의 위치

○ 한정용법과 서술용법

형용사의 사용법으로서, a *difficult* problem처럼 명사에 직접 붙이는 한정용법과 It is *difficult*.처럼 술어로 사용하는 서술용법이 있다. 또한 앞의 예의 difficult처럼 양쪽에 쓸 수 있는 것, an *inner* space처럼 한정용법에만 쓰이는 것, He is *alone*.처럼 서술용법에만 쓰이는 것, the *right* hand(오른쪽), He is *right*.(맞다)처럼 용법에 따라 의미가 달라지는 것 등으로 분류할 수 있다. 많은 형용사는 한정용법과 서술용법 양쪽으로 쓸 수 있으므로, 어느 한쪽의 용법 밖에 없는 것은 외워두는 것이 편할 것이다.

○ 한정용법의 위치

원래 일본어와 마찬가지로 형용사는 형용하는 명사 앞에 두는 것이 원칙이지만, 명사 뒤에 두는 것도 있다. 아래에 그 예를 들어 둔다.

• a tool *useful* to students

형용사와 밀접하게 맺어지는 어구가 뒤따르고, 형용사 부분이 길어지는 경우의 표현이다.

• two years *old*

정형표현의 하나이다.

• ten feet *high*, two meters *long*

길이, 너비, 두께 등을 말할 때 쓰는 표현이다. 추상명사를 사용한 two feet *in height*나 two meters *in length*라는 표현도 있다.

• He found something *new*.

−thing, −body, −one이 있는 부정대명사에 붙는 형용사는 뒤에 가서 설명한다.

[2] 복수의 형용사의 배열순서

복수의 형용사를 쓸 때는 나름대로의 순서가 있다.

○ 대명형용사 +수량형용사 +성질형용사

• He solved *these two difficult* problems.

• *Those ten unique* ideas were proposed by the committee.
[이들 열개의 독특한 아이디어가 위원회에서 제안되었다.]

○ 성질형용사끼리의 순서 :

주관적 형용사 +객관적 형용사(대소+형+신 · 구 +색 +유래 +재질)

• most of the *cute, little, new, colorful, Japanese, ceramic* ornaments
[귀엽고, 작고, 새롭고, 다채로운 일본 도자기 장식의 대다수]

• *a beautiful, large, round* crystal

주관적 형용사란, 가치판단이나 의견을 담은 내용을 나타낸다. 한편 객관적 형용사는 대소, 신구, 색, 유래, 재질 등의 사실을 설명한다. 주관적 형용사는 객관적 형용사 앞에 둔다. 객관적인 형용사 가운데도 어느 정도 위와 같은 순서가 있다. 또한 셋 이상의 형용사가 이어질 때는 comma를 다는 것이 읽기 편하다.

[3] 수량 형용사

many, much같은 수량 형용사의 일종으로 수사가 있다. 게다가 수사에는 one, two, … 등의 기수사(基數詞)와 first, second, … 등의 서수사(序數詞)가 있다. 서수사는 1st(first), 2nd(second), 3rd(third), … 31st(thirty-first), … 45th(forty-fifth), 100th(hundredth)처럼 쓰기도 하고, 보통 정관사인 the를 동반한다. 예컨대,

- The *second* man is Mr. Yamada.

  [두 번째 남자가 야마다 씨다.] 그러나 He came first.[그는 1위로 들어왔다.]처럼 부사로 쓸 때는 관사가 필요 없다. 아래에 수량 형용사의 혼동하기 쉬운 용법을 들어둔다.

- … times as … as

  배수(~배)를 나타내는 기본적 표현이다.

- *two times as* many *as* …

  […의 2배(의 수)] 그리고 수가 아니고 양이면 as much as, 크기는 as large as, 길이는 as long as로 형용사를 바꾸면 된다.

- *Two times* three is six.

[3의 2배는 6.] 곧 [3 곱하기 2는 6.]의 의미이다. Two times of three ….처럼 일본어에 끌려서 of 를 달지 않도록 한다.

- Let's run at *twice* the speed.

[2배의 속도로 달리자.] twice of the speed처럼 of 를 달지 말 것. 그리고 double을 못 쓸 것도 없지만, 논문에서는 twice 쪽이 수학적인 느낌이 있어 보다 바람직하다. 3배일 때는 three times라고 말하고, triple은 쓰지 않는다.

- He asked for *double* the usual fare.

  [그는 보통의 2배 요금을 청구했다.] 앞의 예문에서도 그렇지만, 깜빡하여 the를 double 앞에 붙이지 않도록 주의해야 한다. double 대신에 twice를 써도 된다.

- *one-third*

  [1/3]을 나타낸다. 분수는 분자에 기수사, 분모에는 서수사를 쓴다. hyphen은 있어도 되고 없어도 된다.

- *two-thirds*

  [2/3]를 나타낸다. 분자가 2 이상이면, 분모의 서수사는 복수형을 취한다. 덧붙여 말하면 분모분자가 다 같이 수가 커지면 over를 써서 읽는 것이 보통이다. 이 경우 분모는 서수사로는 읽지 않는다. 예컨대 3/20은 three over twenty로 읽는다.

1.3.6 부 사 −Adverbs−

부사는 용법이 까다로운 것이 그리 많지 않다. 여기서는 틀리기 쉬운 「부사의 문장 안에서의 위치」에 대하여 설명하기로 한다. 영문 안의 부사의 위치는 비교적 자유롭기는 하나 대략적인 규칙이 있으므로, 기본적인 위치를 확인하고 이를 따르는 것이 좋다.

(i) 형용사 · 부사에 걸릴 때는 그 앞에 둔다.

- It is *very* large.
- This result is *quite* significant.
- The boy arrived *a little late*.

그리고 enough는 예외로서 뒤에다 둔다.

- It is large *enough*.

(ii) 시간, 양식, 정도를 나타내는 부사는 주동사 또는 주동사 +목적어의 뒤에 놓는다.

- He speaks English *fluently*.
- The disc rotated *slowly*.
- We visited my parents *yesterday*.

또한 타동사와 목적어는 결합 정도가 매우 강하므로 부사등으로 분리하는 것은 금물이다.

(iii) 빈도부사는 주동사 앞에 둔다.

- He *always* writes letters.
- The robot *often* broke down.

(iv) 장소, 방향을 나타내는 부사는 주동사, 또는 주동사 +목적어의 뒤에 놓

는다.

- He placed the bag *there*.
- I went *home* at midnight.

앞의 예문의 home은 부사로 쓰이고 있는 점을 주의할 것.

(v) **문장 전체에 걸리는 부사는 맨 앞이나 주동사 앞에 놓는다.**

- *Generally*, we study until 9 pm. 또는 We *generally* study until 9 pm.
- *Suddenly*, the dog attacked me. 또는 The dog *suddenly* attacked me.

(vi) **현재완료의 have, will 등의 조동사 및 be 동사가 있는 문장 안에서 부사의 위치는 이들 단어 뒤에 오는 것이 기본이다.**

- He has *already* returned to the U.S.
- The professor will *soon* go back to Europe.
- Professor White is *patiently* checking the English of my paper.
- The Japanese students are *generally* passive.

다만 방향, 장소의 부사는 동사구의 뒤에 놓아도 된다.

- All the books have been moved *upstairs*.

1.3.7 접 속 사 — Conjunctions —

단어, 구, 절을 대등하게 연결하는 등위 접속사(and, but, or 등)와 그 절을 다른 부분에 종속적으로 연결하는 종위(從位) 접속사(when, because 등)가 있다. 여기서는 논문에서 자주 나오는 몇 가지 문제를 들어본다.

[1] and 와 or에 의한 접속

3개 이상의 어구를 연결할 때는 맨 끝에만 and 를 넣는다.

- A, B, *and* C 또는 A, B *and* C

그리고 부정문에서는 and가 아니고 or를 쓴다.

- He does not drink *or* gamble.

[그는 술을 안마시고 노름도 안한다.]

• I do not have money *or* time.

[나는 돈도 시간도 없다.]

그러나 and로 연결된 어구가 관용구적으로 한 묶음으로 쓰이는 것은 부정문에서도 and 를 그대로 써도 된다.

• I was not *born and bred* in Japan.

[나는 일본에서 태어나 자라지 않았다.]

• My father never *drinks and drives*.

[아버지는 음주운전을 절대로 안 하신다.]

음주운전에는 drunken driving이라는 표현도 있다.

문을 and로 연결할 때의 「~것도 ~않는다」는 too나 also가 아니고 either가 된다.

• I do not like playing soccer and I do not like watching soccer, *either*.

[축구하는 것도 구경하는 것도 좋아하지 않는다.]

• I did not attend the meeting, and he didn't, *either*.

[나는 회의에 나가지 않았고, 그도 나가지 않았다.]

[2] 대립의 접속 but / however

however는 엄밀히 말해서 접속사가 아니고 부사이지만, but 와 같은 대비의 의미를 지닌다. 그러나 대비의 의미는 but 보다 약하다고 한다. however 는 맨 앞, 문장 안에서 사용하며 앞뒤에 comma 를 붙인다.

• *However*, he gave up this research later.

• Later, *however*, he gave up this research.

but 는 접속사이므로 문 안에서만 사용하고, but 로 문을 시작하는 것은 피하는 것이 좋다.

• The group initiated the research, *but* they gave it up later.

[3] 이유의 접속사 because / as / since / for

어느 것이고 이유를 나타내는 종위 접속사이지만 그 가운데 인과관계에 근거한 사실의 원인을 가장 명확하게 나타내는 것은 because 이다.

- We cannot use this equipment, *because* it is broken.
  [부서졌기 때문에 이 설비를 쓸 수 없다.] because를 맨 앞에 두어도 된다.
  Because …, we ….

as는 구어에서 자주 쓴다. 듣는 사람도 알고 있는 약한 이유일 때 맨 앞에 쓴다. 구어에서는 첨가한다는 의미를 내기위해 맨 끝에서 쓰는 일도 많다.

- *As* you are not ready, we must go without you.
- We must go without you, *as* you are not ready.

since는 as와 같지만, 미국영어에서 특히 선호한다. 인과관계의 명시도(明示度)는 because보다 약하다. for는 원인을 나타내지만, 다분히 문학적인 여운이 있어 과학논문에서는 부적절한 접속사이다.

- It looks like rain, *for* it is getting dark.
  [어두워지니 비가 올 것 같다.]
  for는 문두에는 쓸 수 없다.

1.4 구문

어(語) 단위의 문법에서 문(文) 단위로 범위를 넓혀 일본어 화자가 특별히 주의해야 할 구문을 살펴보기로 한다.

1.4.1 현수분사(懸垂分詞) – Dangling Participles –

현재분사 구문에서는 분사의 주어와 주문(主文)의 주어가 일치한다. 일치하지 않을 때는 따로 분사에 주어를 붙인다.

• Being ill, I stayed at home.

이것은 「자기가 아파서 집에 있었다」라는 의미라면 맞는 문장이다. 만일, 어머니가 아파서 자기가 집에 있었다는 것이라면 mother라는 주어를 명시해야 한다. 이와 같이 분사의 주어가 없고, 그 의미상의 주어가 주문의 주어와 일치하지 않을 때는 그것을 현수분사라고 부르며 싫어한다. 예컨대 「식(2)를 식(1)에 대입하면, 식(1)은 …가 된다」라는 일본어에는 위화감이 없지만, 이것을 그대로

• Substituting Eq.(2) into Eq.(1), the equation (1) becomes … 라고 영문으로 쓸 수는 없다. 대입하는 것은 we이고 the equation (1)이 아니기 때문이다. 다음과 같이 말하면 문제가 없다.

• Substituting Eq.(2) into Eq.(1), we obtain …

이와 같이 일본어로 생각할 때는 아무런 문제가 없지만, 영어로 하면 현수분사가 되는 것이 제법 많기 때문에 주의할 필요가 있다. 현수분사 구문은 영어 화자도 틀리기 쉬운 모양인지, 영어 화자(English native speakers)를 위한 과학논문 작성법 교본 등에도 이에 대한 설명이 반드시 나온다. native speaker조차도 틀리는 것이니 일본어 화자가 어려워하는 것은 당연하다.

과학논문에 자주 나오는 현수분사는 based on … ([～에 입각하여, ～에 근거하면]의 뜻이며 과거분사의 분사절을 만든다)와 using … (～을 사용하여) 이다. 아래의 문장에서 based on the evidence와 using a Wehrtopf altimeter가 현수분사절이 되기 때문에 잘된 문이 아니다.

• *Based on* the evidence, the cause of the accident is mechanical and not chemical. (오)

[증거에 근거하면, 사고의 원인은 화학적인 것이 아니고 기계적인 것이다.]

증거에 근거하고 있는 것은 사고의 원인을 기계적이라고 보는 「결론」이나 「결정」이지, 「사고의 원인」이 아니다.

- The city was surveyed *using* a Wehrtopf altimeter. (오)
  [시는 베르토프 고도계를 사용하여 측정되었다.] 고도계를 사용한 것은 「시」가 아니다.
  위 예문을 다음과 같이 고칠 수 있다.
- The decision, *based on* the evidence, was made that the cause of the accident is mechanical and not chemical. (정)
  [증거에 근거하여, 사고의 원인은 화학적인 것이 아니라 기계적인 것이라는 결정이 내려졌다.]
- The city surveyor *used* a Wehrtopf altimeter. (정)
  [시의 측량사는 베르토프 고도계를 사용했다.]

엄밀히 위와 같이 써야 하겠지만, 발표된 논문을 읽어보면 현수분사가 된 based on ~이나 using ~을 자주본다. 한 논문에서는 based on ~이나 using ~을포함하여 현수분사가 여러 번이나 사용되고 있는 것을 본 일이 있다. 이러한 잘못이 Editor(아마도 영어의 native speaker)의 눈에 띠지 않은 것을 생각하면, based on~ 이나 using ~ 같은 것은 너무 많이 쓰지 않는다면 지나치게 신경 쓰지 않아도 괜찮을 듯하다. concerning ~ [~에 관하여]나 considering ~ [~을 고려하면]이 지금은 전치사로 간주되고 있듯이, 앞의 분사구도 전치사화하고 있는지 모른다. 다만 영어의 non-native speaker로서 현 단계에서는 이것이 오용이라는 점을 알고 있는 것이 좋을 것이다.

1.4.2 무생물주어 및 수동태 – Inanimate Subject 2nd Passive Voice –

일본어를 영어로 직역하거나 일본어식 발상으로 영어를 쓰게 되면 일인칭인 we 나 I 가 들어가는 문장이 많아진다. 그러나 과학논문을 포함해서 학술논문에서는 we 나 I 를 피하는 것이 원칙이다(물론 100% 금지라는 뜻은 아니고 학술지 논문이라면 2~3회에서 그치는 것이 무난하다는 뜻이다). 일인칭을 자주 쓰지 않는 방책은 두가지다. 무생물주어의 문장으로 할 것, 수동태를 쓸 것의 두가지다. 특히 무생물주어는 일본어에서 그다지 쓰지 않으며, 의식적으로 생각하지 않으면 머리에 떠오르지 않는 구문이라서 어렵다.

[1] 무생물주어문

1.4.1 항에서 다룬 현수분사구문을 보자.

- Substituting Eq.(2) into Eq.(1), the equation (1) becomes … .

  앞에서는 주문을 we obtain … 로 고쳤는데, 무생물주어문을 쓰면 다음과 같은 단문으로 간결하게 말할 수 있다.

- Substituting Eq.(2) into Eq.(1) leads to …

  lead to … 는 무생물주어문에서 쓰기 편한 동사이므로 외워두면 좋다. 이 lead to 처럼 과학영어에서 무생물주어와 함께 자주 쓰이는 동사와 문형의 예를 몇 가지 들어본다.

- This method *introduces* no error.

  [이 방법은 오차를 낳지 않는다.]

- This change *causes* uncomfortable vibrations.

  [이 변화는 불쾌한 진동을 일으킨다.]

  어느 쪽이고 무생물주어의 this method, this change는 인과관계의 "인(因)"을 나타낸다. 인과관계를 나타내려고 할 때 무생물주어를 쓰는 것을 생각해보자.

- *Figure 1 shows* the relationship between the stiffness and the deflection of the spring.

  [그림 1은 용수철의 힘과 굴절의 관계를 보여준다.]

- *Figure 2 depicts* the actively controlled driveline system.

  [그림 2는 능동적으로 제어된 구동계를 나타낸다.]

앞의 문은 일본어식 발상 같으면 In Figure 1, we can see ... 식으로 하고 싶지만 [그림 1] 자체를 주어로 하는 것이 간결하고 영어다운 글이 된다.

[2] 수 동 문

무생물 주어문과 마찬가지로 무생물 주어의 수동문은 과학논문에서 자주 쓰인다. 아래에 예를 들어본다.

- In this paper, the Krylov–Bogoliubov method *is used* …
  [이 논문에서는 크리로프-보골리우보프의 방법이 사용되고 있으며 …]
- Flexible rotor–bearing systems *have been analyzed* by different methods.
  [탄성 로터-축수계가 상이한 방법으로 분석되어 있다.]
- Amplitude P versus the shaft speed *is examined*.
  [축의 속도에 대한 진폭 P가 검사되고 있다.]
- Two important factors *have not been included* in the previous research.
  [앞선 연구에는 두 가지 중요한 요인이 포함되지는 않았다.]
- The equations *are obtained* …
  [식이 얻어졌다.]
- It *is found* that
  [...라는 것이 알려졌다.]

과학논문은 대체로 수동태가 아닌 무생물주어문([1]항에서 본 것 따위)과 무생물주어의 수동문으로 이루어진다. 인칭주어는 we 아니면 I, 그 밖의 생물 주어는 researchers가 대표적이며, introduction이나 conclusion에 나오는 일이 많다. 앞의 예문 중 맨 끝의 문은 conclusion으로 [...라는 것이 드러났다.]고 말할 때의 상투적인 표현이다.

1.5 기타 관련 사항

1.5.1 동 의 어 – Synonyms –

논문을 영어로 옮길 때, 똑같은 의미를 가진 단어가 여럿이 머리에 떠오른다. 또 영일사전을 찾아보면 복수의 영어단어가 즐비하다. 이러한 단어를 동의어라고 한다. 그 가운데서 딱 들어맞는 의미를 지닌 것을 택하지 않으면 기묘한 표현이 되고 만다. 예컨대 [캐나다는 넓은 나라이다]는 Canada is a wide country가 아니고 Canada is a large country라고 해야 한다. 이것은 wide가 일차원의 넓이(폭)를 나타내는 단어이기 때문이다. 의미를 일본어로 파악하기 때문에, 동의어 사용 시에는 앞에서 적은 L1 interference의 문제가 생기기 쉽다. similar이기는 하지만 identical meaning이 들어있지 않는 여러 단어 가운데서 가장 적합한 단어를 고르기 위해서는 늘 되도록 많은 영어에 접촉하여 영어에 대한 「감성」을 연마하는 것이 중요하다. 또한 영역 시에는 일영사전을 「펼쳐서」(not "pull" but "consult" a dictionary. 설마 이 같은 잘못은 하지 않겠지만, 이와 비슷한 상황은 자주 일어난다), 단어를 「바꿔놓는」 것이 아니고 비슷한 예문을 「흉내내는」 것이 필요하다.

일영사전에서 고른 단어를 영영사전에서 확인하고, 그 다음에 native speaker에게 재확인한다면 이상적이지만, 실제는 여간 어려운 일이 아니다. 그래서 권하고 싶은 것인데, 일영사전을 찾아서 이거다 싶은 단어를 찾았다면 다시 한 번 예문이 많은 영일사전에서 그 단어를 다시 찾아보는 것이다. 단어가 가진 분위기를 전체의 설명에서 판단하고, 적절하다고 판단이 서면 거기에 나와 있는 예문을 이용한다. 또한 동의어사전을 구입해서 빈번히 사용할 만한 항목의 의미나 용례를 카드에 옮겨 두는 것도 효과가 있다. 동의어사전(아쉽게도 뉘앙스의 차이를 설명해주는 영일동의어사전 같은 것은 없다)으로는

Webster's New Dictionary of Synonyms

The American Heritage Dictionary of the English Language, 3rd Edition.(synonym에 관한 설명이 상세하다)이 있다. 또 수록어수는 적지만, 뉘앙스나 용법의 차이가 실려 있는

Longman Language Activator

도 권할 만하다. 일상어라면 사전은 아니지만

Choose the Right Word : A Contemporary Guide to Selecting the

Precise Word for Every Situation (by S. I. Hayakawa and E. Ehrlich) 도 참고할 만하다. 다음에는 기술논문 등에서 자주 쓰이는 표현에 관한 synonyms의 예를 들겠다.

○ **[~한다]의 의미를 나타내는 동의어** **do** 는 가장 일반적인 표현이다.

- We *did* an experiment.
  [실험을 했다.]
- It is Jim's turn to *do* the dishes.
  [설겆이는 짐의 차례이다.]

perform은 노력, 숙련이 필요한 일이나 의식을 할 때 쓴다.

- He *performed* a surgical operation.
  [그는 외과수술을 집도했다.]
- I am just *performing* my duties.
  [나는 직무를 수행하고 있을 뿐이다.]

conduct는 정보를 얻을 목적 또는 어떤 일을 증명할 목적으로 하는 경우, 또는 지시하에 하는 경우에 쓴다.

- The experiment was *conducted* with the three monkeys.
  [실험은 그 세 마리 원숭이를 가지고 행해졌다.]
- The police *conducted* a fair investigation.
  [경찰은 공정한 조사를 행하였다.]

execute는 명령을 수행하는 경우에 쓴다. 도한 어려운 기예를 하는 경우에도 쓴다.

- He *executed* an order.
  [그는 명령을 수행했다.]
- The dancer *executed* the routines well.
  [댄서는 규정의 스텝을 잘 추었다.]
- [실험을 한다]라고 할 때는 do가 괜찮지만, conduct를 쓰면 격식을 차린 어조가 된다. conduct와 experiment는 함께 쓰이는 경우가 많다. 어떤 명

사와 함께 쓰이는 동사는 종종 고정되어 있어, 예컨대 experiment(실험)에 do와 conduct를 쓸 수 있지만, execute는 보통 쓰지 않는다. conduct와 experiment처럼 결합되어 있는 명사와 동사를 연어(collocation)라고 부른다. 저마다 동의어의 뉘앙스 차이를 외어두는 것도 좋지만 과학기술논문에서 자주 쓰이는 collocation을 외워두는 편이 효율적으로 쓸 수 있는 영어 지식이 된다. conduct는 investigation(조사, 취조), survey(설문조사)와 연어가 된다.

○**[~를 다룬다]는 의미를 나타내는 동의어**　**deal, treat**는 학문적으로 다루거나 논할 때 쓴다. 이 두 단어는 대체로 같은 뜻이다.

- This paper *deals with (treats)* vibration problems.

다만 treat에는 [환자를 치료하다]와 [약품으로 처리하다]는 뜻도 있다. 또한 책이나 논문의 취지를 말할 때는 **discuss**도 쓸 수 있다. 앞의 예문은

- This paper *discusses* vibration problem.

으로 쓸 수 있다.(discuss는 타동사이다.)

○**[~와 일치한다]의 뜻을 나타내는 동의어**　일치의 종류와 정도에도 여러 가지가 있다.

agree는 가장 일반적인 표현이다.

Reveal the secret.

• The experimental result *agrees* with the theoretical result.

[실험결과는 이론상의 결과와 일치한다.]

coincide는 시간과 장소가 일치한다. 또는 exact agreement를 의미한다.

• His birthday *coincides* with my birthday.

[그의 생일은 내 생일과 똑같다.]

• His opinion *coincides* with mine.

[그는 나와 같은 의견이다.] 또한 「동일의견」은 identical opinion이라고 한다.

○ **[~을 분명히 한다]는 뜻을 나타내는 동의어** **clarify**는 [명확히 한다]라는 뜻이며, 논문에서 가장 쓰기 쉽다.

• His theory *clarified* the mechanism.

[그의 이론은 그 메커니즘을 밝혀냈다.]

elucidate는 어둠을 비친다는 느낌이 있다. 문어적인 말로 어려운 문제를 명확하게 설명한다는 어감이 든다.

• … a clue that *elucidates* the mystery.

[수수께끼를 해명하는 열쇠]

• The studies *elucidate* the history of alcohol problems in men.

[그 연구는 인류에 있어서 알코올 문제의 역사를 밝혀낸다.]

reveal은 '폭로한다' 또는 '모습을 드러낸다' 는 뜻이다.

• I *revealed* a secret.

[나는 비밀을 폭로했다.]

• The telescope *reveals* many distant stars.

[망원경은 멀리 있는 많은 별을 밝혀낸다.]

○ **[보여준다]의 의미를 나타내는 동의어**

show는 중립적이고 공정한 뜻을 지닌 동사로 명사와 that절 양쪽에 쓸 수 있다.

• The latest figures *show* a rise in unemployment.

[최신의 숫자는 실업의 증가를 표시한다.]

• Studies *have shown* that consumers are buying more organic produce

[연구는 소비자가 유기농산물을 더 많이 구매하고 있음을 보여준다]

demonstrate는 어떤 것을 명확히 증명하고 있을 때 쓴다. 명사, that 절 양쪽에 쓸 수 있다.

• The study *demonstrates* the link between poverty and malnutrition.

[그 연구는 빈곤과 영양실조와의 명백한 관련을 보여준다.]

• Scientific evidence *demonstrates* that smoking can cause birth defects.

[과학적 증거는 흡연이 갓난아기에 장애를 일으킨다는 것을 보여준다.]

exhibit는 눈에 띄는 모습으로 어떤 사물의 성질이 드러날 때 쓴다. 명사를 목적어로 취하며 that절에는 사용할 수 없다.

• Some of the patients *exhibit* aggressive and violent behavior.

[환자 가운데는 공격적이고 폭력적인 행동을 보이는 자도 있다.]

ㅇ[정확성]의 의미를 표시하는 동의어

accuracy도 **precision**도 [정확함]을 의미하지만, accuracy는 측량이 얼마나 정확히 이루어 졌는가를 기준으로 하는 정확성이다. 반면 precision은 수치가 어느 정도로 세밀한가 하는 [정확함], 즉 [정밀함]이다. 따라서 수치의 5.43은 5.4보다도 **precise** 하지만 보다 **accurate** 하다고 말할 수 없다.

• The number 5.43 is more *precise* than 5.4, but it is not necessarily more *accurate*.

• This watch is not *accurate* because no one can adjust this old *precision* instrument.

ㅇ[계속적인]의 의미를 나타내는 동의어

continual과 **continuous**는 매우 혼동하기 쉽다. 가장 일반적으로 생각되는 차이는 계속의 형태가 계속 중에 pause가 들어가 있는가 아니면 전혀 들어가지 않는가 하는 차이로 보인다. continual은 그 동작이나 사건이 일시적으로 멈추는 일이 있지만, continuous한 것은 끊어짐이 일체 없다. 일본어로 생각하자면 continual은 [단속적]으로 이어지는 것, continuous는 [간단없이]이어지는 것 쯤으로 볼 수 있다.

- The *continual* news about the terrorism scared many Americans.
  [테러리즘에 대한 되풀이 되는 뉴스는 많은 미국 사람들에게 공포를 주었다.]
- The *continual* buzz of small planes kept us awake all night.
  [소형 비행기의 잉잉거리는 소리로 밤새도록 잠자지 못 하였다.]
- We are proud of our *continuous* improvement in customer service.
  [우리들은 고객을 위한 끊임없는 서비스 향상을 자랑으로 여기고 있다.]
- I was amazed at the *continuous* flow of people form the Shibuya Station.
  [시부야역으로 부터의 그칠 줄 모르는 인파에 놀랐다.]

1.5.2. 구어와 문어 – Spoken and Written English –

영어에도 당연히 구어와 문어가 있다. 논문에 구어를 섞으면 의미는 통하더라도 격조는 떨어진다. 다음은 구어와 문어의 차이점을 네 가지 적어 둔다.

(i) 게르만계 어휘는 구어적이므로, 논문에서는 라틴계 어휘를 사용한다.

일본어에서도 예컨대 [만들다] 와 [작성하다], [다다르다] 와 [도착하다], [꼴] 과 [형태] 처럼 일어와 한자어를 가려써서 문장의 품위를 높일 수 있다. 마찬가지로 영어에도 비슷한 어휘의 이중구조로 볼만한 것이 존재한다. 일본어의 일어에 해당하는 영어가 게르만 계(앵글로색슨 족)의 어휘이며, 이것은 본래부터 영어에 있었던 말들이다. 이에 대응하는 라틴계의 어휘는 일본어에서의 한자어와 같으며, 영어에 수입된 말들이다. 게르만 계의 낱말을 많이 쓰게 되면 치졸한 인상을 주는 문이 되고 만다. 표 1.1에서 짝을 이루는 단어의 예를 제시한다.

어떤 단어가 어느 쪽에서 유래한 것인가를 판단하려면 어원사전을 찾아보면 확실 하지만 어휘력이 늘면 감이 잡혀서 짐작할 수 있게 된다. 라틴계 어휘를 반드시 써야 한다고 하는 것은 아니지만 자기의 분야의 논문에서 자주 대하는 라틴계 어휘는 외워서 사용하는 것이 좋겠다.

(ii) **숙어 보다는 한 단어가 논문 어조이다.**

영어회화에서는 구동사(句動詞) (동사와 전치사가 합쳐져서 하나의 동사의 역할을 하는것) 처럼 짝을 진 말투가 빈번히 나온다. 그 가운데는 단어 하나하나를 알고 있어도 전체의 의미를 짐작할 수 없는 것이 있다.

표 1.1

게르만계	라틴 계	의미
ask	inquire	묻다
build	construct	세우다
buy	purchase	사다
dead	deceased	사망한
enough	sufficient	충분한
give	impart / provide	주다
hide	conceal	숨기다
last	final	최후의
live	inhabit	살다
try	attempt	해보다
rise	ascend	오르다
say	state	말하다
seem	appear	…같다
shrink	reduce	줄이다
way	method	방법
write	describe	적다

표 1.2

구어적	문어적	의미
a lot of	much / many	많은
blow up	explode	폭발하다
break down	collapse	부서지다
carry out	conduct	행하다
go down	decrease / lower	줄다. 내리다
go in	enter	들어가다
go up	increase / rise	늘다. 오르다
keep going	continue	계속하다
look for	seek	찾다
look into	examine	살피다
look up	consult	사전등을 찾아보다
make out	understand	이해하다
stand up	rise	일어서다
start again	resume	다시 시작하다

이런 것은 관용구로 불리며, 학습자는 그 하나 하나를 외워야만 한다. 그러나 문어에서는 숙어 보다는 한 단어로 바로 말하는 것을 좋아 한다. 구어적 표현과 문어적인 표현을 표1.2에서 대비해 보겠다. 구동사 사전이 나와 있을 정도로 동사 숙어가 많다. 그 중에는 숙어 아니고서는 표현할 수 없는 것도 있지만 한 단어로만의 표현이 가능하다면 한 단어를 쓴다. (그 경우에는 1.3.3항에서 해설한것 처럼, 타동사인가 자동사인가를 반드시 확인할 것)

(iii) **단축형을 쓰지 않는다.**

구어에서는 it's, what's, I've, can't등의 단축형을 쓰는 것이 보통이다. 그러나 논문에서는 단축형을 쓰지 않도록 한다. 이는 문의 격조가 걸린 일이다. 과학 눈문이나 비즈니스 문서등의 격식 차린 영어 문장에서는 어떠한 단축형도 쓰지 않도록 한다.(표1.3)

표 1.3

단축형		단축하지 않는 형	단축형		단축하지 않은 형
isn't	→	is not	hasn't	→	has not
aren't	→	are not	can't	→	cannot
don't	→	do not	won't	→	will not
doesn't	→	does not	shouldn't	→	should not
haven't	→	have not	let's	→	let us

- 띄어 쓰는 일은 드물다. 부정을 강조할 때만 띄어 쓰고, 보통은 한 단어로 쓴다.

(iv) **장황한 표현보다 간결한 표현을 쓴다.**

과학논문에서 중요한 것은 자기의 주장이나 실험결과를 독자가 이해하도록 하는 것이다. 읽는 쪽은 되도록 단시간에 논문을 확실하게 이해하려고 한다. 그렇다면 쓰는 쪽에서는 지나치게 재는 듯한 영어로 쓰지 않는 것이 바람직 하다. 많은 청중 앞에서 연설을 할 때는 뭐나 된 듯이 말하는 것도 필요할지 모르지만 논문에서 그러면 독자에게 폐가 될 뿐이다. native speaker 상대의 논문작성 manual 에도 피해야할 표현과 바람직한 표현의 대조표가 나와 있다. 그 중에서 몇 개를 표 1.4에 표시한다.

이러한 manual 에는 불필요한 수식어(형용사나 부사)는 쓰지 말라는 advice가 실려 있다. 일본어는 원래 솔직한 표현이 서투른 언어이고 논문에서도 의미를 얼버무리는 표현을 쓴다. 영어에서는 그러지 않도록 주의하자.

표 1.4

장황한 표현	간결한 표현	의미
a majority of	most	태반의
a number of	many, several, some	몇 개의
are of the same opinion	agree	같은 의견이다
as far as our own observations are concerned	we observed	우리가 관찰한 바로는
at the present moment	now	현재
completely filled	filled	충만하다
definitely proved	proved	증명되었다
future plans	plans	계획
goes under the name of	is called	~하는 이름이다
in case	if	~의 경우
in the near future	soon	가까운 장래
it has been reported by Jones	Jones reported	Jones에 의해 보고되었다.
large amounts of	much	다량의
on the basis of	from, by, because	~을 근거로
results so far achieved	results so far, results to date	지금까지의 결과
there can be little doubt that this is...	this probably is...	이것이 ~인것은 틀림없다.
two equal halves	halves	두개의 같은 절반

1.5.3 과장된 표현, 주관적인 표현
— Exaggerated or Subjective Expressions —

대단한 발견이라면 모를까, 논문의 기술에서는 독선적이고 과장된 표현은 피해야 한다. 예컨대

• This experimental result was *remarkably* conclusive.

는 아래와 같이 고치는 것이 낫다.

• This experimental result *was* very *conclusive*.

은 [비상한]이라는 사전적인 의미에 더하여 [쓰는 사람이 대단하다고 생각한다.]는 connotation (함축)을 품고 있으므로, 객관적인 서술에 시종하는 논문에는 부적절하기 때문이다. 정도를 나타내는 표현으로는, slightly..., quite..., very..., extremely... 등이 중립적인 connotation을 갖고 있다. 어떤 단어가 어떤 connotation을 갖고 있는지를 아는 것은 쉬운 일이 아니다. 사전에 설명이 되어있는 경우가 있기는 하나, 알 수 없는 경우도 있는 만큼 과학논문은 주관적인 표현을 배제하고 담담하게 사실을 적는다는 자세로 씀으로서 부적절한 영어를 예방할 수 있다. 이 점에 대해서는 영어의 native 아니면 near native 화자의 최종적인 확인이 필요하기도 하지만, 영어를 계속 쓰는 동안에 서서히 알게 된다.

[대단히], [매우], [크게] 등의 정도의 높이를 나타내는 어휘는 논문에서는 기본적으로 쓰지 않는 것이 무난하다.

1.5.4 미국영어인가 영국영어인가
— American English vs. British English —

미어와 영어는 문법, 어휘, 철자에 차이가 있다. 미어식, 영어식의 어느 한 쪽을 쓰더라도 시작에서 끝까지 그 한쪽으로 쓰는 것이 중요하다. 혼용이 제일 좋지 않다. 국제적인 학술지는 보통 어느 한 쪽으로 통일되어 있지만, 학술

지에 따라서는 영국출신자는 영어식으로, 영어가 L 2인 투고자는 미국식으로 쓰도록 지시하고 있는 것도 있다. 대영제국의 구 식민지 국가들, 인도, 싱가포르, 말레이시아, 홍콩, 오스트레일리아, 뉴질랜드는 영국식 영어이다. 그리고 의외로 캐나다도 영국식 철자를 쓰고 있다. 미어와 영어의 문법상 차이는 회화에서 자주 나타나지만 논문에서는 그다지 표면화하는 일이 없으므로 신경쓰지 않아도 된다. 어휘의 차이는 아래와 같은 일상어에서 많이 나타난다.

elevator(미) / lift(영) ; trunk(미) / boot (영) ; apartment(미) / flat(영) ; mail(미) / post(영)

그러나 과학용어나 학술적인 어휘는 거의 차이가 없다. 미어와 영어가 가장 다른 것은 철자이다. 몇가지 필요한 차이점을 알아두자

○ 어미가 z 는 미어식, s 는 영어식

analyze / analyse ; organize / organise ; recognize / recognise ; summarize / summarise

○ 어미가 or 는 미어식, our 는 영어식

behavior / behaviour ; honor / honour ; humor / humour ; favor / favour

○ 어미가 er 는 미국식, re 는 영국식

center / centre ; theater / theatre

○ 동사의 l을 겹쳐서 -ing이나, -ed를 붙이는 것은 영어식

dialing / dialling ; dialed / dialled ; canceling / cancelling ; canceled / cancelled

○ 기타

program(미) / programme(영) ; check(미) / cheque(영) ; racket(미) / racquet(영)

일반적으로 미국식 쪽이 한결 간략하게 철자를 하는 경향이 있다.

1.5.5 약어 – Abbreviations –

논문에서는 약어를 잘 쓴다. 약어의 대다수는 라틴어에서 비롯한 것으로 원래의 단어를 모른채 깜빡 생략 표시의 period를 붙이는 일이 있으므로 주의해야 한다. 논문에서 사용하는 약어를 아래에 들고 해설한다.

○라틴어에서 발생한 약어

[cf.] [비교하라(=compare)]의 뜻으로 쓰며, 라틴어의 *confer*의 생략형이다.

[e.g.] [예컨대 (=for example)]의 뜻으로 쓰며, 라틴어의 *exempli gratia*의 생략형이다.

- There are several gases in the atmosphere : *e.g.*, oxygen, nitrogen, and hydrogen.

[et al.] [기타 (=and others)]의 뜻으로 쓰며, 라틴어의 et alii의 생략형이다. et에 period를 달지 않는 것은 생략형이 아니기 때문이다.문헌인용 시에, 복수의 공저자를 생략할 때 자주 쓴다.

- Theoretical advances have been made by Vance (1982), Booker *et al.* (1983), and Nataraji and Nelson (1990).

[이론적 발전은 Vance (1982), Booker외 (1983), Nataraji 와 Nelson (1990)에 의해서 이루어 졌다.]

[etc.] [등 (=and so on)]의 뜻으로 쓰며, 라틴어의 *et cetera*의 생략형이다. 보통은 and so forth(on) 로 읽는다.

- I visited many lakes, rivers, etc. 로 앞에다 comma 를 넣는다. 그리고 ...rivers, and etc. 처럼 etc. 앞에 and를 넣는 것은 잘못이다. (et=and의 뜻이므로 중복이다.) 또한 ... rivers, etc.. 처럼 sentence period를 붙이는 것도 잘못이다.

기술논문에서는 and so on / and so forth 보다는 , etc.를 더 많이 쓴다.

[i.e.] [(즉 (=that is)]의 뜻으로 쓰며, 라틴어의 *id est*의 생략형이다.

that is로 읽으며 앞뒤에 comma를 붙인다.

• I wish I could fly, *i.e.*, fly like a bird.

[난다며, 말하자면, 새처럼 난다면 좋을텐데]

[NB] [주의 (=note well)]의 뜻으로 쓰며, 라틴어의 *nota bene*의 생략형이다. 표 밑에 주를 달 때에 쓴다. 소문자로 쓴것(nb), N과 B에 종지부를 붙인 것 (N.B.)등 몇가지 변형이 있지만 NB가 가장 잘 쓰는 형이다. 영어로 Note라고 쓰는 일도 있고 note로 읽는다.

[viz.] [다시 말해서 (=that is, namely)]의 뜻으로 쓰며, 라틴어의 *videlicet*의 생략형이다. z는 et의 축약기호이며 namely라고 읽는다. 지금은 영어의 namely를 선호한다.

[vs.] [~대 (=against, in contrast)]의 뜻으로 쓰며, 라틴어의 *versus*의 생략형이다. 소송이나 경기의 대전에서 사용하는 말이며 신문의 표제 같은데서 Marines *vs.* Yankees baseball game. 라고 쓴다. 과학영어에서 도표내의 설명에 이 약어를 쓰는 것은 괜찮지만, 본문에서는 This figure shows a characteristic curve of the wave length vs. pressure. 로 쓰지 말고, ... the wave length against pressure로 정확하게 적어야 한다. 읽는 것은 versus 처럼 라틴어대로 읽는다.

○ E-mail 관련 약어

최근에 E-mail이 사용 되면서 새 약어 (영어를 줄인 것)가 생겨나고 있다. 다음과 같은 약어를 알아두면 좋을 것이다.

[ASAP] [되도록 빨리 (=as soon as possible)] 예컨대, 중요한 mail을 받았을 때는 다음과 같은 회신을 보내는 것이 예의이다.

• Thank you very much for your E-mail, I will answer it ASAP.

[FYI] [참고로 (=for your information)]

[BTW] [그런데 (=by the way)]

상기한 예처럼 그 약어가 모든 사람의 상식으로 되어 있으면 아무런 문제가 없다. 그러나 자기의 동료들에게만 알려져 있는데다가 긴 것이어서 생략형을 쓰고 싶을 때는 논문에서는 아래와 같이 적는다.

- In the following, we use the Krylov-Bogoliubov method (the KB method)라고 쓰고, 독자에게는 앞으로 쓰게 될 생략형을 괄호안에 표시한다. 그 다음부터는 the KB method를 계속 쓰면 된다. 이것을 외워두면 논문에서 곧바로 쓸 수 있어 편리하다.

1.5.6 기호와 수식 – Symbols and Mathematical Expressions –

기호나 수식을 쓸 때 주의해야 할 점을 몇가지 설명한다.

○기호는 그것이 표시하는 것에 되도록 가까운 곳에 둔다.

- The thickness of the plate, H.(오) 라고 적으면 comma가 있기 때문에 읽는 사람은 H가 판을 가리키는 기호인지 판의 두께를 나타내는 기호인지 알 수 없다. 그 대신 H를 그것이 나타내는 것의 옆에다 놓고
- The thickness of the plate H is 10mm. 또는 The thickness H of the plate is 10mm. 라고 적으면 앞 에서는 H가 the plate에, 뒤에서는 the thickness에 걸리는 것이 분명해 진다. 덧붙여 맨 앞의 틀린 예문에서 comma를 빼버리면 H의 가장 자연스러운 해석은 the plate 이다.

○기호를 그대로 문 머리에 쓰는 것을 피한다. 예컨대

- p increases as the temperature rises.(오)는 The pressure p increases...(정)라고 한다. 또한 약호도 마찬가지이다.
- Fig. 1 shows...(오)는 Figure I shows... (정)로 생략하지 않고 쓰도록 한다.

○등호는 하나의 문으로 취급한다.

- If a=b, this triangle is an isosceles triangle.

1.5.7 하이픈과 음절구분 – Hyphen and Syllabication –

하이픈은 다음과 같은 두가지 중요한 역할을 한다.

ㅇ복합어의 요소간을 연결하는 역할

연결된 것이 눈에 익숙하지 않아 오해를 자아내거나 전문용어화한 경우에 쓰인다.

- forget-me-not(물망초) / non-linear(비선형) / Sturn-Liouville problem(스턴-루빌 문제 / right-hand screw(오른 쪽 나사)
- 하이픈 없이는 잘못 해석되기 쉬운 경우에는 하이픈으로 의미를 명확히 한다.
- a small-car factory (소형차 공장) / a small car-factory (소규모 자동차 공장)

ㅇ줄(行) 끝 단어가 끊어질 때 그것을 잇는 역할

최근에는 워드 프로세서가 자동적으로 줄 끝을 맞추어 줌으로 너무 의식하지 않아도 되지만, 단어는 함부로 끊어서는 안 된다.

- (1행 끝) ... I am learning scienti-
  (2행) fic English...

는 잘못이고, 다음과 같이 고친다.

- (1행 끝)... I am learning sci-
  (2행) entific English...

단어를 끊어도 되는 매듭은 음절의 매듭이다. 음절이란 모음을 하나 포함하고, native speaker가 이 이상 더 줄일 수 없다고 느끼는 음의 단위이다. 영어에서는 음과 철자와의 관계가 극히 불규칙하기 때문에 어디를 음절로 볼 것인가 하는 것은 native speaker도 판단하기 어렵다. 그래서 사전에서는 음절의 매듭을 [·]으로 표시한다.

scientific를 사전에서 찾아보면 sci · en · tif · ic로 적혀있으므로 이 단어를

2 행에 걸쳐서 적을 때는 이 [·]의 위치에서 끊는다.

1.6 영문을 잘 쓰기 위한 조언

끝으로, 부분적으로는 지금까지 말한 것을 되풀이 하는 것이지만, 좋은 영문을 쓰려면 어떻게 해야 하는지 정리한다.

① 과학영어를 쓰는 것은 기량(skill)이다. 연습하면 할수록 능숙해지므로 어떻든 시행착오 식으로 계속 쓴다.
② 좋은 영어(문체, 어휘, 논리적 구성)에 대한 언어감각을 몸에 붙이기 위해서는 가능한 한 많이 영어를 접한다. (특히 독서를 통해서)
③ 일본어로 쓴 다음 그것을 영문으로 옮기는 일은 그만 두고, 처음서부터 영어로 쓰도록 힘쓴다. (처음에는 무리지만 연습하면 할 수 있다.)
④ 일본어 문을 영문으로 만들 때는 주어를 무생물로 할 수 없을까 생각해 본다. 다시 말해서 일본어 문 가운데 원인을 나타내는 부사절이나 부사구가 있으면 그것을 영문의 주어로 할 수 없는지 생각해 본다.
⑤ 문의 핵심이 되는 동사를 중심으로 해서 문을 구성한다.
⑥ 긴 문장은 피한다. (단문을 쓰는 과정에서 사고회로가 분명해 진다.)
⑦ 구체적 내용이 없는 문은 쓰지 않는다. 1.5.2 항 (iv)에서 본 것 같은 장황한 표현을 쓰고 있지 않는지 확인한다. (일본어를 그대로 영어로 만들면 장황한 표현이 많아진다.)
⑧ 허세를 부리지 않는다. 과학논문에서 제일 중요한 것은 독자가 그 내용을 이해하는 일이라는 것을 잊지 않도록 한다.

인용 · 참고문헌

1) 존 · 이조(저), 무라카미 류소쿠(역) : Technical Writing. Macmillan

Language House(2001)
2) 스기하라 아츠요시 : 이과계를 위한 영문 작법, 문장을 매끄럽게 잇는 4가지 법칙, 주코신쇼, 주오고론샤 (1994)
3) 스즈키신 레오, G. 퍼킨즈 : 실천 영문논문 작성기술, 박력있는 영문쓰기, 아루쿠(1997)
4) 일본물리학회(편) 과학영문논문의 모든 것. 마루젠(1984)
5) 하라다 호타로 : 예문상해 기술영어의 기본구문 키워드 활용사전. 일간공업신문사(1995)
6) 하라다 호타로 : 이과계를 위한 영어논문집필 안내, 블루 · 박스(B 1364), 고단샤(2002)
7) 학술지 논문을 잘 쓰려면, 제2판 일본물리학회지(1969)
8) 영어논문 쓰기, 일본원자력학회지 · 연재기사, 16권5호(1974)－21권2호(1979)
9) Hacker, D. : A Writer's Reference (4th Ed.), Bedford / St.Martin's (1999)
10) Rubens, P.(gen. ed.) : Science & Technical Writing : A Manual of Style., New York : Routhledge (2001)
11) Style Manual Committee : Scientific Style and Format : The CBE manual for Authors, Editors, and Publishers (6th Ed.), Cambridge University Press (1994)
12) Thomson, A.J., Maritnet, A.V. : A Practical English Grammer(4th Ed.), Oxford : Oxford University Press (1986)
13) Concise Dictionary of English Etymology, Oxford : Oxford University Press (1996)
14) http://homepage 1. nifty.com/Mercury/ohoyamak/index.html#index 『과학논문에 도움되는 영어』 (2004년 4월 현재)

02 과학영어와 기술논문

2.1 시작하면서

과학이 하는 일은 다음의 두 가지를 포함하는 행위라고 생각된다. 하나는 새 지식을 얻기 위하여 일상적으로 행하는 이론적 · 실험적 연구이고, 또 하나는 국제적인 학술잡지에 논문을 투고하고, 또한 국제회의에서 발표함으로써 학계에 연구 성과를 보고하는 것이다. 후자는 전자에 못지않게 중요하다. 어느 의미에서 그것은 과학의 성과를 사람들에게 알리는 작업상의 일종의 계몽적 활동으로 여겨진다. 과학자와 기술자에 의하여 얻어진 결과가 어느 정도까지 펴져 나갔는지, 또한 이해 되었는 지는, 이 [계몽]이 어느 정도로 잘 이루어졌는가에 달려있다.

어떠한 국제회의에서도 사용언어가 영어라는 것은 이미 확립되어 있으므로 모든 연구자는 논문을 투고하고 국제회의에서 발표할 때는 반드시 영어를 써야 한다. 이 사실은 영어를 모국어로 하는 사람들이 좋은 논문을 쓰는 데는 장애가 되지 않는다. 그러나 [외국인] 다시 말해서 영어가 제2 또는 제3 외국어인 과학자에게 이것은 크건 작건간에 불리한 조건이 된다. 이는 다음의 두 가지 이유에서 비롯한다. 첫째는 외국인의 어휘 수는 영어가 모국어인 사람들의 어휘 수 보다는 얼마간 적다는 것이고, 둘째는 영어권 밖에서는 당연한 사고형태가 영어권의 사람들에게는 이해하기 어렵고, 나아가서는 곤혹스러운 것일 수 있기 때문이다.(분명히 그 역도 성립한다.)

이러한 장애를 최소한으로 줄이려면 어떻게 하면 좋을까. 영어를 모국어로 하는 독자가 당신이 말하고 싶은 것을 바르게 해석할 수 있으려면 어떤식으로 영어를 쓰고 말하면 좋을까. 영어로 된 완벽한 기술보고서를 작성하기 위한, 일반적인 문체의 약속과 길잡이는 무엇일까. 당신이 국제회의에서 발언할 때, 식과 기호를 어떤 식으로 발음해야만 옳을 것인가? 이하에서 이와 같은 의문에 대해서 말하고자 한다.

일반적으로 말해서 필자가 위와 같은 내용에 대해 말하는 것은 최적이 아닌지는 모른다. 왜냐하면 필자가 영어에 십분 정통하다고 할 수 없기 때문이다.

필자의 제 1언어는 러시아어이다. 중학과 고교에서는 스페인어를 배웠다. 영어에 대해서는 모스코바 대학의 학생일 때 배우기 시작한데 불과하다. 그러나 필자가 직업상 영어를 쓰기 시작한지는 25년이 지났고, 그런 가운데 여러 차례 경험을 할 수 있었다. 게다가 과학영어 작성법에 관한 훌륭한 서적과 기사가 많이 출판되어 있어, 본 장을 쓰는데 있어 필자는 이 가운데 몇 가지 책과 기사를 분석 연구하여 중요하고 도움이 되고 길잡이가 되는 규칙을 많이 발견 하였다. 따라서 본장은, 과학영어를 쓰고 말하는 [외국인]이 범하기 쉬운 공통된 잘못을 없애는데 도움이 되는 중요한 원칙과 규칙을 간결히 설명하는 하나의 시도라고 말할 수 있다.

끝으로 다음과 같은 사항을 말해 두고자 한다. 필자는 항공우주 유체역학의 연구자이므로 본장에서 설명을 위해 사용하고 있는 예문의 많은 것은 필자의 전문분야의 논문에서 인용한 것이다. 그런즉 거기서 사용되고 있는 전문용어에 익숙치 않는 독자로서는 어렵다고 생각할지 모른다. 그러나 그것은 심각한 장애는 되지 않으리라고 생각한다. 왜냐하면, 가장 중요한 것은 내용의 상세를 정확하게 이해하는 것이 아니고, 어떻게 표현하고 있는가를 아는 것이기 때문이다.

2.2 일반적 규칙

과학영어를 쓸 때의 일반적 규칙부터 시작한다. 이 규칙들은 그대로 따라

하면 어느 정도까지 완전한 강연과 훌륭한 과학기술논문을 쓸 수 있는 유일한 답이라고 생각해서는 안 된다. 사실인즉 기술논문을 쓰는 것은 매우 어려운 일이고 어느 정도의 지식과 자질을 필요로 한다. 따라서 이 일을 위한 노력은 항상 필요하다.

일반적으로 좋은 기술논문은 다음의 특성을 갖추고 있어야 한다. 그것들은

(1) 독창성 (originality)

(2) 정확성 (accuracy)

(3) 객관성 (objectivity)

(4) 실증가능성 (verifiability)

이다. 이들 특성은 어느 것이든 없어서는 아니되는 것들이다. 그러나 매우 중요한 또 하나의 특성이 있다. 그것은

(5) 가독성 (readability)

이다. 논문은 읽기 쉽고 또한 이해하기 쉬운 것이어야만 한다. 그렇지 않으면, 아무리 (1)~(4)의 특성을 갖추었어도 논문의 가치는 크게 줄어든다. 왜냐하면 영어를 잘못 쓰게 되면, 그 논문의 훌륭한 점을 독자가 느끼지 못하는 가능성이 있기 때문이다. 다음에는 영어로 기술논문을 쓸 때 유의하지 않으면 안 되는 가장 중요한 두가지 점에 대해서 설명한다.

2.2.1 간결하게, 짧은 글을 쓰라 (Be brief, write short sentences.)

[1] 문의 길이

특히 영어를 외국어로 쓰는 사람들에게는 본 절의 표제인 [간결하게, 짧게 쓰라]는 제법 괜찮은 조언일 것이다. 외국인이 쓴 영어는 유창한 것 보다는 명료하고 읽기 쉬운 것이 훨씬 중요하다. 매우 짧은 문을 쓰게 되면 드믄 드문 이어지는 고르지 못한 문체가 될 것이지만, 의미를 잘못 이해하면 혼란을 일으키기 쉬운 유창한 문체 보다는 의미가 명료한 편이 더 중요하다. 문이 짧으면 짧을수록 잘못이나 애매함이 발생하는 확률은 작아진다. 문의 완성도를 검토

하는 좋은 방법은 문을 몇 번이고 읽고 문의 의미를 똑같이 또는 더욱 명확히 표현하는 더 짧은 문을 쓸 수 없는지 생각해 보는 것이다. 문의 최적의 길이에 관해서, A.J. Jeggett교수는 논문 [Notes on the Writing of Scientific English for Japanese Physicists][1]안에서 아래와 같이 말하고 있다.

만일 문이 40 words 보다 길어지면, 적어도 세미콜론 (;) 을 써서 그것을 잘게 나눌 수 없는지 진지하게 생각해 보아야 한다. 문의 평균적인 길이에 대해서는 20 words 가 목표로 삼을 적당한 길이이며, 15 words도 지나치게 짧다고 할 수 없을 것이다. 어떠한 경우에도 영어의 문은 한정된 용량을 가진 system 이라는 것을 잊어서는 안된다. 다시말해서 2. 3 개의 보조절 이라면 문 안에 넣어도 괜찮지만, 그런 경우에는 그 보조절이 문의 구조 속에 빈틈없이 짜 넣어져 있어야 한다.

보통 지나치게 긴 장문은 종속절을 사용하여 밀접히 관련된 복수의 내용을 하나의 문으로 표현할 때 생긴다. 예컨대, 아래의 한 소절을 생각해 보자.

- Compared with the Smagorinsky model, these newer models seem to be rather more plausible in explaining the turbulence mechanism in large separated flows by introducing an empirical damping function at the wall and a reduction by half of the model's constant with respect to the value

1) 어깨번호는 장말의 참고문헌번호를 나타낸다.

predicted in the only case tractable analytically, i.e. isotropic turbulence following an infinite Kolmogorov cascade, although they may predict incorrect flow characteristics at low attack angles, as a result of the increased viscosity in the near-wall flow due to the damping function.

이 문은 대단히 길고, 88 words나 된다. 게다가 이 문에는 다음과 같은 몇 개의 상이한 내용이 얽혀 있다.

① 이 새 모델은 크고 분리된 흐름을 설명하는 데 있어 Smagorinsky 모델보다 뛰어나다.
② 그것의 뛰어난 이유는, 감쇠함수를 도입함으로써 모델의 정수가 반감했다는 점이다.
③ 그 경감은 ...를 따른 등방성의 난류에 대하여 해석적으로 예측된 값과 관련하여 이루어 진다.
④ 그러나 점성(粘性)의 증가에 기인하여 잘못된 흐름의 특성을 예측할 가능성이 있다.

이상의 상이한 내용은 저마다 중요한 것이고 하나의 문이 될만한 가치가 있다. 그러므로 만일 그것을 아래와 같은 네 개의 단문으로 고쳐 쓰게 되면 앞의 절은 한결 읽기 쉽고 또한 이해하기도 쉬워진다.

- Compared with the Smagorinsky model, these newer models seem to be rather more plausible in explaining the turbulence mechanism in large separated flows. This is due to the introduction of an empirical damping function at the wall and a reduction by half of the model's constant. The reduction is done with respect to the value predicted in the only case tractable analytically, i.e. isotropic turbulence following an infinite Kolmogorov cascade. However, these models may predict incorrect flow characteristics at low attack angles, as a result of the increased viscosity in the near-wall flow due to the damping function.

[2] 세미콜론의 사용

영어에는 긴 문장을 쪼갤 때 쓰는 매우 편리한 구두점[세미콜론]이 있다. 세미콜론에 의한 분할은 피리어드[.]에 의한 분할보다는 약하므로 분할된 문의 연속성을 어느 정도 유지할 수 있다. 한편 세미콜론은 콤마[,] 보다는 강하므로, 접속사를 쓰지 않으며 강하지 않으면서도 두 문을 연결할 수 있다.

구두점인 피리어드(period[.]), 콤마(comma[,]), 세미콜론(semicolon[;])은 분할의 강도가 다르며

(.) 〉 (;) 〉 (,)

의 순으로 되어 있다. 이같은 관계는 아래의 예문을 보면 알 수 있다.

- In this conference, we have many guests as follows : representatives from Washington, USA ; Paris, France ; …; and Tokyo, Japan..

과학영어에서는 세미콜론이 특히 중요하다. 왜냐하면 저자가 한결 명확한 형식으로 문을 구성할 수 있기 때문이다. 세미콜론 대신에 피리어드를 쓸 수도 있지만, 그렇게 되면 문이 끊어지게 된다. 관련된 독립절이 하나의 문 안에 나와 있을 때는 보통은 콤마나 접속사 (and, but, or, …)로 연결된다. 접속사는 절과 절과의 관계를 나타낸다. 만일 그 관계가 접속사 없이도 분명한 것일 때는 세미콜론을 써서 절을 연결시킬 수도 있다.

두 부분으로 된 문의 전형적 형으로는

- …, which…, 또는 …, and this…

가 있다. 이것들은 세미콜론을 써서, 예컨대

- …; this (effect / result…)…

로 고치면 된다. 예로 아래의 문을 생각해 보자.

- Note that the reference to nonviscosity refers to the absence of a turbulent viscosity in the model, *which* does not mean that the molecular viscosity has been removed from the governing equations.

이 문에서는 which 로 시작하는 종속절이 주절과 밀접하게 관련되어 있는데 그것은 문을 분할해도 좋을 정도로 중요하다. 이 경우 종속절은 비교적 짧기 때문에 피리어드를 쓸 필요는 없다. 그런고로 세미콜론을 써서 아래와 같이 고쳐 쓰면 좋다.

• Note that… in the model ; this does not mean … equations.

[3] 콜론의 사용

콜론(colon[:])의 역할은, 주로 그 뒤에 나오는 말들에 독자의 주의를 돌리게 하는 것이다. 예컨대

• In an environment with weak initial disturbances, the path to transition consists of three stages : i) receptivity, ii) linear eigenmode growth or transient growth, and iii) nonlinear breakdown to turbulence.

위 예문에서 콜론은 독립절의 뒤에 놓여 있고, 열거된 사항에 주의를 돌리게 한다. 또 콜론은 아래의 예에서 보듯이 인용된 내용에 직접 주의를 갖도록 하기 위해서도 쓰인다.

• Consider the definition of turbulence proposed by Taylor in 1937 : "Turbulence in an irregular motion which in general makes its appearance in fluids, gaseous or liquid, when they flow past solid surfaces or even when neighboring streams of the same fluid glow past or over one another."

두 개의 독립절 사이에 콜론이 있을 때 보통은 두 번째 절이 첫 번째 절의 내용을 정리하거나 설명한다는 뜻이다. 다음이 그 예이다.

• Eddies overlap in space : Large eddies carry smaller ones.

덧붙이자면 콜론 뒤에 단어가 열거될 때는 소문자로 시작하지만 독립된 절이 나올 때는 대문자로 시작한다는 점을 유의하기 바란다.

2.2.2 정확하며, 애매모호하지 않을 것(Be precise and unambiguous)

[1] 애매모호한 표현을 피한다.

과학논문에서 문 하나하나는 거기 까지 기술된 지식 만으로 이해할 수 있어야 한다. 이는 일련의 생각을 매우 명료하게 서술해야 한다는 것을 의미한다. 비록 그것이 다소 부자연하게 여겨져도 될 수 있는 한 명확하게 표현되었으면 한다. 예컨대 저자 자신의 생각 이외에 다른 여러 가지 해석을 독자가 내릴 수 있기를 기대하면서 저자의 의견을 분명히 밝히지 않는 식으로 적었더라도 독자는 그렇게 해석하지는 않을 것이다. 도리어 그러한 표현은 불명확한 사고의 징후라고 생각하고 독자는 저자가 자신의 생각에 확신이 없기 때문이라고 결론짓는다. 문장의 애매모호는 과학영어에서는 결코 용납되지 않는다. 어떤 문을 썼을 때는, [이 문이 정확히 무엇을 의미하는가], 또 [자신이 지금까지 썼는 것과 관련이 있는가]를 자가 자신에게 되풀이 물어보기를 바란다. 만일 이러한 질문에 분명하게 대답할 수 없다면 그 문을 더욱 명확하게 고쳐 쓰든가 아니면 그것을 논문에서 완전히 삭제하는 것이 좋을 것이다. 예로 다음의 한 절을 생각해 보자.

- Since this method is *not conservative*, the shock wave velocity is *not accurate*. However, no significant oscillations are found, as seen from Figure 1, thus these artificial viscosity terms *also work well* as numerical diffusion for this method.

이 저자는 자신의 의견을 매우 애매하게 적고 있기 때문에 독자로서는 그 방법이 좋은지 나쁜지 이해하기가 어렵다. not conservative, ... not accurate는 부정적 특성이 있다. 한편 ... also work well...은 그 방법을 긍정적으로 보고 있다. 저자가 마음속에 무엇인가를 생각하는 것이 있고, 그리고 어쩌면 우리도 그것을 알고 있기를 기대하고 있지 않을까 추측될 뿐이다. 아니면 그것이 좋은 방법인지 아닌지를 독자 자신이 결정하도록 하기 위해 그 애매모호함을 의도적으로 인정하고 있다고 볼 수 있다. 이것도 또 하나의 좋지 않은 스타일의 한 예이다.

[2] 대명사가 표시하는 내용을 분명히 한다.

위와 마찬가지로, which, this, it 또는 이와 비슷한 단어를 썼을 때는 언제나 [무슨 말인가]를 자신에게 물었으면 좋겠다. 이 단어들은 언제나 무엇인가 명확하게 정해진 것, 다시 말해서 본문 안에서 이미 언급 된 것을 지시할 필요가 있다. 다음 예를 살펴보자.

- It is uncertain that the sound emission should be caused by the vortex breakdown in the wake flow or separation, though Lee has measured *its* frequency and found it less than the first fundamental frequency.

이 문의 나쁜 점은 its의 사용이다. 이것은 본문 가운데 커다란 애매모호함을 낳고 있다. 독자는 그것을 frequency of flow separation 아니면 frequency of vortex breakdown 으로 볼 수 있을 지 모르지만 결코 frequency of sound emission 이라고는 생각하지 않을 것이다. 물론 예비지식의 정도에 따라 몇 개의 간단한 설명을 생략할 수 있겠지만 명확성이 부족한 것 보다는 아이디어를 강조해서 표현한다는 공통된 규칙을 지키는 것이 한결 바람직 하다.

[3] 의미가 없는 불필요한 표현을 피한다.

실질적인 의미를 전혀 보태지 않는 절은 피해야 한다. 모든 절은 어느 정도의 정보를 담고 있어야 한다. 예컨대

- This may be treated in *several ways*, ...
- This may give a very *definite picture*, ...
- This is helpful not only for... but also for the examination of the effect from *various points of view*.

위와 같은 문은 several ways를 열거하고, definite picture를 설명하고 various points of view를 논의하는 몇 개의 문이 뒤따라야 한다. 이러한 문은 결코 고립해서는 안 된다. 이 같은 고립된 문을 명확해야 할 논의 속에 삽입하

는 것은 나쁜 영어의 징후이므로 피해야 한다.

과학영어 안에서 evidently 라든가 obviously 와 같은 단어가 매우 드물게 사용되는 것도 같은 이유에서다. 예컨대

• *Evidently (or obviously), F(z)* is an analytical function.

이라고 하자. 이것은 무엇을 뜻하는 것일까. 실제, 이것으로 아래의 세가지 상황 가운데 어느 하나를 나타낼 수 있다.

① The fact that " *F(z)* is an analytical function " is really evident fact. 이런 경우 서술한 내용을 evident로 확인 할 필요가 없다. 아무도 Evidently two times two is four 라고는 말하지 않기 때문이다.

② We think we know that "*F(z)* is an analytical function" is true but we do not know firmly why it is true. 만일 사정이 이런 것이라면 evidently는 해당되지 않는다.

③ The statement is true but its justification may be too complicated to be inserted in the text. 이같은 경우에도 evidently는 올바른 용법이 아니다. 적당한 문헌을 인용하는 것이 가장 좋을 것이다.

2.3 기술논문 작성법

본 절에서는 기술논문의 일반적 형식에 대하여 서술한다. 기술논문은 어떤 것이며, 어떻게 구성되어 있는가를 제시한다. 나아가 과학논문을 쓸 때의 공통된 형식에 관한 몇 가지 규칙을 소개한다.

기술논문은 일반적으로 다음의 다섯부분으로 구성된다.

• 표제, 저자명, 소속, 키워드
• 개요
• 본문(서론, 실험방법과 실험장치, 데이터, 결과의 고찰, 결론과 감사의 말 등)
• 문헌 리스트

• 도와 표

다음으로 이들 항목에 대하여 차례로 설명한다.

참고로 기술논문의 첫 페이지의 예를 도 2.1에 제시한다.

2.3.1 표제 – Title –

[1] 길이에 대하여

[표제]는 논문에서 매우 중요한 것이다. 왜냐하면 표제는 독자가 학술지를 대강 훑어 볼 때 맨 먼저 읽는 것이기 때문이다. 표제는 독자의 첫 인상을 결정하고, 그 논문이 독자의 흥미에 맞는지 아닌지, 또 그것을 읽어야 할지를 생각케 한다. 따라서 표제는 흥미를 끄는 것이어야만 하며, 또한 읽기 쉬운 것이어야만 한다. 표제는 지나치게 길면 좋지 않다. 다시 말해서 표제 안에다 논문의 개요를 적으려 하지 말아야 한다. 한편 독자가 표제만을 읽고 논문의 내용을 대충 파악할 수 있도록 해야 한다. 이 점은 특히 최근에 들어서 중요해 졌다. 왜냐하면 많은 학술지는 많은 사람들이 이용하는 웹사이트 상에 표제만을 올리기 때문이다. 따라서 표제는 그 논문이 실질적으로 관련되어 있는 분야를 명료히 밝히고, 그 분야와 가까운 분야에서 연구하는 사람들이 흥미를 가질 만한 점을 표시하는 것이 바람직하다.

Implementation of the Variational Riemann Problem Solution for Calculating Propagation of Sound Waves in Nonuniform Flow Fields

Igor Men'shov and Yoshiaki Nakamura

Department of Aerospace Engineering. Nagoya University, Nagoya, 464-8603, Japan

E-mail: menshov@nuase.nagoya-u.ac.jp. nakamura@nuae.nagoya-u.ac.jp

Received July 10, 2001: revised May 29. 2002

The variational Riemann problem (VRP) is defined as the first variation of the solution to Riemann's initial-value problem, also known as the problem of breakup of an arbitrary discontinuity in a gas, when the initial data undergo small variations. We show that the solution to the VRP can be analytically obtained, provided that the solution to the baseline Riemann problem is known. This solution describes the interaction of two abutting parcels of small disturbances against the background of a given base flow and therefore can be efficiently implemented in numerical methods for aeroacoustics. When the spatial distribution of disturbances and base flow parameters are given at a time moment at mesh points of a computational grid, one can exactly determine the disturbance evolution for a short lapse of time by solving the VRP at mesh interfaces. This can then be applied to update disturbance values to a new time moment by using the standard finite-volume scheme. In other words, the VRP can be used in computational aeroacoustics in the similar way to the Riemann problem used in Godunov-type methods for computational fluid dynamics. The present paper elaborates on this idea and adopts the solution to the VRP as a building block for a filnite-volume Godunov-type method for aeroacoustics. ©2002 Elsevier Science(USA)

Key Words : aeroacoustics ; variational Riemann problem ; Godunov-type numerical method.

1. INTRODUCTION

The present paper addresses the development of a novel numerical method for calculating propagation of sound waves in a nonumiform moving fluid. This method can be treated as an extension to the Godunov method [1], a well-known approach in computational fluid dynamics that efficiently employs the exact solution to Riemann's initial-value problem(RP) to approximate the numerical flux function at mesh interfaces. The RP, also referred

118

0021-9991/02 $35.000

그림 2.1 기술논문의 예

이런 관점에서 표제는 짧은 내용 요지의 성격도 갖고 있어야 한다. 몇 개 단어로 된 짧은 표제는 기술논문에서는 자주 보이지 않는다. 유난히 짧은 표제는 예컨대

- On Sound Generated Aerodynamically
- Proof of the Ferma Theorem
- Nuclear Resonance Phenomenon

처럼 무엇인가 기본적인 idea 를 소개 하거나, 널리 알려진 문제를 푼다거나 새 발견을 기술한다거나 하는 다소 고전적인 논문의 특징이다. 따라서 대단히 중요하다는 것을 의도적으로 쓰는 논문이 아니라면 짧은 제목은 피하는 것이 좋다. 표제의 평균적 길이는 8～12 words 를 목표로 하는 것이 적당한 길이 이지만 경우에 따라서는 15 words 도 길다고 말 할 수 없다.

[2] 표제 안의 대문자와 전치사

표제에서는 앞의 표제의 예에서 보듯이 각 단어(접속사, 전치사는 제외)의 첫 글자는 대문자로 쓴다. 그리고 본문 안에서는, 예컨대 The proof of the Ferma theorem is explained 식으로 쓰지만 표제가 되면 맨 앞의 정관사 The는 생략된다. 게다가 앞에서 제시한 표제의 최초의 예의 전치사 On 은 특히 최근에 와서 쓰지 않는 일이 많다.

[3] 연구자의 이름과 소속

연구자의 이름과 소속 표기방식도 중요하다. 왜냐하면 세계의 이 분야 관계의 독자들은 연구에 대한 보다 상세한 데이터를 얻기 위하여 연구자에게 연락하고 싶은 가능성이 있기 때문이다. 이에 관한 정보는 명료히 그리고 정확하게 제시하지 않으면 안 된다. 따라서 initial을 사용한 이름의 단축 표기는 피해야 하며, 성과 기타의 initial과 함께 쓰는 이름 (first name)은 빠트리지 않고 적어야 한다. 예컨대

- Igor Men shov, Yoshiaki Nakamura, Han Ping Chen.

라고 쓴다. 그렇게 되면 같은 성을 가진 연구자 간의 혼동을 막을 수 있다.

[4] 키워드

키워드는 어떤 특별한 database를 검색하고, 흥미있는 분야의 관련 논문을 찾을 때 도움을 주기 위해 첨부한다. 또한 키워드는 논문의 기본목적을 드러나게 해서 독자가 그 논문이 흥미로운 것인지 아닌지를 이해하는데 도움이 된다. 따라서 그 논문이 적절한 독자에게 도달하기 위해서 키워드는 주의 깊게 선정해야 한다.

2.3.2 개 요 – Abstract, Synopsis –

[개요]의 목적은 독자가 될 가능성이 있는 사람들에게 그 논문이 무엇에 대하여 쓴 것인지를 밝히고, 또 그 연구를 수행하기 위하여 사용된 방법 · 데이터 · 실험장치 등을 정확하게 밝히는 것이다. 만일 새 이론, 방법 실험이 그 본문에서 제시되어 있으면 그 이론의 특징을 그와 관련된 실험과 함께 명확히 기술해야만 한다. 개요는 간단 명료해야만 하며 보통 200자 이내로 하나의 연속된 paragraph(문단 · 단락) 내에서 쓴다. 개요는 기본적으로 논문의 내용을 밝히는 것이므로 현재형을 쓰는 것이 바람직하다. 그리고 개요를 쓸 때는 통상 흔히 쓰이는 형식을 따르는 것이 좋겠고, 1인칭 I 나 We 의 사용은 피하는 것이 좋다.

다음은 개요의 한 예이다. 거기서는

① 무엇에 관하여 연구하였는가

② 무엇이 밝혀졌는가

나아가

③ 그 결과는 어떤 식으로 평가되는가

라는 것이 적혀 있다.

• The vortex ... is analysed. The * *–method is used in the analysis.... It is clarified that vortex is .... The analytical results agree well with the experimental result reported in the previous paper.

2.3.3 본문 – Main Body –

[1] 서론 (Introduction)

일반적으로 논문은 [서론]부터 시작한다. 서론은, 이 논문이 지금까지의 어떠한 연구에서 생겼는가, 그리고 이 논문의 목적은 무엇인가 하는 것을 간략히 기술하는 것을 목적으로 한다. 그 문제의 역사적 배경을 적고, 관련된 연구의 현재의 상황에 대해서도 설명한다. 그럴 때 예컨대

- A number of investigations have been carried out...
- Several theoretical papers concerning... have been published.
- The problem of ... is one which has received the attention of a large number of engineers.

등으로 적는다. 독자가 그 논문의 저자나 그 분야의 다른 연구자가 해 온 연구에 대한 실마리를 찾을 수 있게끔 과거의 문헌을 충분히 제시한다. 만일 그것이 제시되어 있으면 서론은 최근의 개관 기사로서 매우 중요한 것이 된다. 서론은 문제의 역사, 배경, 현황을 기술한 후 현재의 연구의 중요성과 독창성을 명확히 제시해야 한다. 서론에서 이론분석과 실험분석에서 사용되는 논리적 흐름을 설명하거나 그 논문에서 사용되는 분석방법과 함께 전제와 가정에 대해서도 언급하는 일이 있다. 또한 서론의 끝에서 논문의 구성에 관하여 개설하는 저자도 있다.

[2] 실험 장치와 방법 (Materials and Method)

서론에 이어서 [실험 장치와 실험방법]을 적는다. 이 절에는 다른 연구자가 필요에 따라 처음서부터 끝까지 어려움 없이 재현하는데 충분한 실험장치, 방법, 자재에 관한 데이터를 포함시킨다. 다시 말해서 이 절은 독자가 논문에 적

혀 있는 것과 똑같은 방법에 따라서 원칙적으로 그 발견을 재현할 수 있도록 하기 위하여 쓴다.

[3] 결과 (Results)

다음에 [결과]에 관한 절을 쓴다. 거기서는 실험과 계산을 통해서 얻은 것, 새로운 이론의 특징, 새로운 현상이나 효과 등에 대해서 설명한다. 저자는 자신의 모든 결과를 주의 깊게 분석하고, 거기서부터 새로운 발견을 명확히 특징짓는 주요 결과를 선정해야만 한다. 이러한 결과를 제시하기 위하여 표나 그림을 이용하기도 한다.

여기서 중요한 것은 얻어진 결과의 실증(verification)과 타당성의 확인(validation)이다. 실증한다는 것은 발견된 것이 실험장치, 수치 계산방법, 실험 데이터 처리에 관해서 착오가 없다는 것이다. 저자는 자기가 연구에서 사용한 장치를 기준문제(benchmark problem), 또는 널리 알려진 현상의 측정에 사용해서 얻어진 결과가 이미 정확하다고 인정받은 데이터와 일치한다는 점을 밝힐 필요가 있다. 한편 타당성(즉, 논리상 타당하다는 것)은 주로 이론적 연구와 관련된다. 어떠한 이론도 실제의 현상에 근사한 것에 불과하다. 이론이 얼마나 잘 실제의 현상을 설명하고 있는가는 실험에 의해서 평가할 수 있다. 따라서 이론적인 논문의 경우 그 이론과 실험결과를 비교해서 그 타당성을 제시하는 것이 필요하다.

[4] 결론 (Conclusions)

[결론]에서는 그 연구를 통해서 얻은 결과에 근거해서 저자가 도달한 내용을 간단히 적는다. 여기서는 그 결과가 좋은지 나쁜지를 명확히 밝혀야 한다. 만일 저자가 자기의 결론에 절대적인 확신을 갖고 있다면

• It is reasonable to conclude from this data that...

식으로 결론을 쓰는 것은 바람직 하지 않다. 그 대신에

• This data definitely demonstrates that ...

처럼 단도직입적으로 쓰는 것이 좋을 것이다.

많은 저자들은 독자가 이해하기 쉽도록 자기들이 발견한 것을 조목별로 쓰기도 한다.

[5] 사사 (Acknowledgements)

결론 다음에는 사사(謝辭)가 따른다. 여기서 저자는 그의 연구를 수행하는데 도움을 준 사람들에게 감사의 뜻을 표시한다. 만일 그 연구가 어떤 기관 또는 정부의 경제적 지원을 받았다면 다음과 같이 사사를 쓴다.

- The author acknowledges financial support from a XXX fellowship of the United Nations.
- This work has been supported by XXX National project.
- Computer time at IBM SP machine at PDC, Stockholm is gratefully acknowledged.

사사를 쓸 때는 그것이 두 가지 사항 즉, [누구에게 (to whom)]와 [무엇에 대해서 (for whom)]를 포함 시켜야 한다. 따라서 아래와 같은 표현을 자주 쓴다.

- The author wishes to express his gratitude to Prof. A for fruitful discussions.

2.3.4 참고문헌 – References –

참고문헌도 적지않이 중요하다. 그것은 기술된 연구의 배경을 반영하고, 다른 연구자들과 밀접히 관련된 논문을 포함해야 한다. 새로 출판된 논문을 살필 때 독자는 보통 제목을 보고 그 다음에 개요와 결론을 읽고 그 다음에는 주의 깊히 문헌목록을 살핀다. 문헌목록은 이 논문이 어느 분야에 속하는가, 또 독자가 그것을 읽어야 할 것인가를 판단하는데 도움이 된다. 그러므로 논문에서 인용하는 출판물은 주의해서 고르지 않으면 안 된다. 인용하는 논문의 수에는 특별한 기준이 없다. 불과 2, 3편의 인용 밖에 없는 것은, 그 논문이 전적으로 새로운 발견을 했다는 것, 새로운 발전의 pioneer적인 일을 수행했다는 것이 요구된다. 이런 일은 극히 드문 일이다. 보통의 기술논문은 10 에서 20편 정도의 논문을 인용한다. 이것이 일반적인 개관 논문이라면 이 보다 훨씬 많은 참고문헌이 인용된다.

참고문헌 가운데 적어 넣는 정보로는 저자명, 학술지의 제목, 출판사명, 권호의 수, 페이지 수, 발행연도 등이 있다. 또 논문제목이 표기될 때도 있다. 참고문헌의 열거방식은 출판사가 지정하며, 그것은 학술지에 따라 다르다. 따라서 논문을 투고할 때 저자는 출판사의 투고지침을 어김없이 따라야만 한다.

이미 출판된 논문만을 인용하는 것이 통상의 규칙이지만 몇몇의 학술지에서는 출판되지 않은 연구, 논평, 주의 또는 개인간의 교신의 인용도 인정하기 시작했다. Website 상의 것도 인용할 수 있다. 이 경우에는 참조한 것이 실려 있는 address 도 문헌목록에 포함시켜야 한다.

2.3.5 그림과 표 − Figures and Tables −

기술논문에서 그림, 표, 사진은 연구결과를 간결하게 보여주고, 방법과 실험 장치를 설명하는데 매우 중요하다. 그림은 설명과 발견한 것의 시각화이므로 대단히 명확하고 독자가 쉽게 알아볼 수 있는 것이어야 한다. 또한 그림은 결과를 입증하기 위한 관련정보와 본문에 대응하는 것 만을 포함시켜야 한다.

그림과 사진을 만들 때 기호, 문자, 선의 굵기에 특별히 주의할 필요가 있다. 그림은 논문으로 인쇄할 때는 축소되므로, 그림의 일부의 상세가 보기 힘들 때가 있다. 그림의 축소 정도와 기호의 치수와 선의 굵기에 관한 지정은 학술지에 따라 다르므로 그림을 준비할 때는 출판사에서 정한 지침을 엄격히 지켜야만 한다.

그림과 표에 번호를 달 때의 약속은 학술지 마다 다르다. 그러나 공통된 규칙으로는 다음과 같은 것이 있다. 그림의 설명문(caption)은 항상 그림 아래에 넣는다. (그림 2.2 참조). 이에 반하여 표의 설명문은 표 위에다 넣는다. (표

2.1 참조). 본문 안에서 그림을 언급할 때는 [Figure]와 그 생략형인 [Fig.]의 어느 한쪽을 쓸 수 있다. 예컨대

- As seen from Fig. 10, ... / As seen from Figure 10, ...

다만 문두(文頭)에서는 생략하지 않고

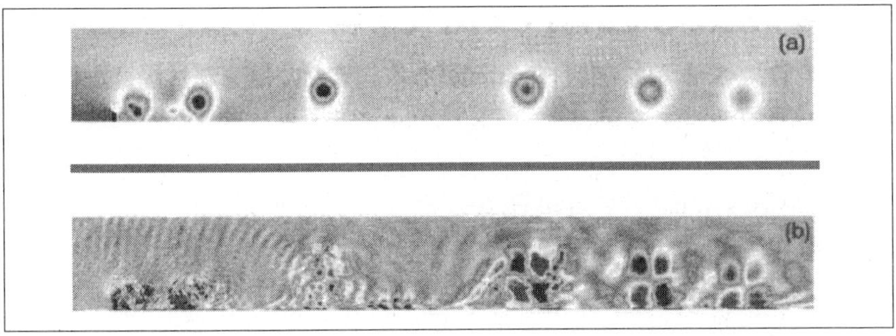

Fig. 2.2 Results of the DNS for air flow with a Mach number M_∞=0.12 past a fence obstacle: (a)pressure field; (b)velocity divergence field.

그림 2.2 그림의 예

표 2.1 표의 예

Table 2.1 Species thermophysical constants

species	1(N)	2(O)	3(NO)	4(N_2)	5(O_2)
e_0,kJ/mole	470.70	246.81	89.790	0	0
C_v	1.5	1.5	2.5	2.5	2.5
Ξ_{vib}, K	–	–	2740	3393	2270
Ξ_{el}, K	–	228	174	–	11390
G	0	0.6	1	0	0.666667

- Figure 10 shows that ...

라고 쓴다. 이에 반하여, 표의 경우는 단축형을 쓰지 않는다. 예컨대, 본문 안에서

- In Tab. 2, the experimental data obtained by .. (오)

라고 써서는 안 된다. 바른 표현은

- In Table 2, the experimental data obtained by ... (정)

가 된다. 본문 안에서 그림과 표를 언급할 때 고유명사 취급을 하기 때문에 맨 앞의 문자는 대문자로 써야만 한다.

예컨대 본문 안에서는

- It is seen in fig. 1. (오) 라고 쓰지 않고
- It is seen in Fig. 1 (정) 라고 쓴다.

그림의 위치는 페이지의 상단 또는 하단으로 한다. 그래도 어느 쪽이 나은가 하면 상단이 바람직 하다.

2.4 기술논문쓰기에 관한 주의 사항

다음은 기술논문을 쓰는 방식에 관한 공통된 주의 사항이다. 이것들은 엄밀한 규칙은 아니지만 과학분야의 학술논문집을 조금이라도 훑어 보면 많은 사람들이 그것을 따르고 있다는 것을 깨닫게 된다. 따라서 이런 규칙들은 과학논문을 쓸 때의 확립된 규칙으로 생각해도 괜찮을 것이다.

[i] 문을 쓰기 시작할 때 비인칭 구조를 피한다.

예컨대 다음의 예문에서 전자를 후자와 같이 고쳐 쓴다.

- It would therefore seem that this effect ...

  → Seemingly, this effect ...

- It would appear that this correlation is almost linear.

  → Apparently, this correlation is almost linear. 로 고쳐 쓴다.

[ii] 수동적 표현은 특별한 이유가 없는 한 피한다.

타동사는 능동태로도 수동태로도 쓰인다. 능동태도 수동태도 어느 쪽이든 문법적으로는 맞지만 능동태가 간단 명료해서 효과적이다. 예컨대 다음의 예에서 전자와 같은 수동적 표현을 피하고 가능한 한 후자와 같은 능동적인 표현을 쓴다.

- It can be seen from this diagram that ...
  → This diagram shows that ...
- It may be inferred from these experimental data that ...
  → One can infer from these experimental data that ...

[iii] 가능하면 [There is] 또는 [There are]로 시작하는 구는 피한다.

예컨대 아래의 예문에서는 전자를 후자로 고쳐 쓴다.

- There are many people who believe that the sun goes round the Earth
  → Many people believe that the sun goes round the Earth.

[iv] 전체로는 어떠한 기술논문이라도 현재형으로 써야 한다.

이것은 그 기술논문에서는 앞에서 적은 것을 데이터로 참조할 때는 언제나 현재형이어야 한다는 것을 의미한다. 예컨대

- It has been shown in the previous section that Eq.(1) possesses a unique solution.(오)
- Section 1 showed that this effect is negligible. (오) 라고 쓰면 틀린다. 바르게는
- It is shown in the previous section that ...(정)
- Section 1 shows that ...(정)

라고 쓴다. 이것은 (시간적 감각으로서는) 독자가 현재 논문 전체를 한 묶음으로 읽으면서 저자의 생각을 하나씩 하나씩 더듬어가고 있다는 생각에 근거한다. 마찬가지로 논문 뒤에 나오는 것도 미래시제로 써서는 안 된다. 다시 말해

서 아래와 같은 표현은 틀린 표현이다.

- The derivation of this equation will be given in Appendix A. (오)

바르게는 아래와 같이 쓴다.

- The derivation of this equation is given in Appendix A. (정)

한편 결론 부에서는 현재완료형이나 과거형의 사용이 인정된다. 예컨대

- A new turbulence model *has been proposed*.
- The method *was compared* with three different situations.

또한 이미 출판된 논문에서 보고 되었던 내용을 참조할 때에는 현재완료형이나 과거형을 쓸 수 있다. 예컨대

- Previous works *have shown* that ...
- In a recent paper, it *has been pointed out* that ...

그러나 이와 같은 절의 시제에도 불구하고 사실을 예로 들 때는 언제나 현재형을 쓴다. 다시 말해서 전술한 문은 현재형의 절로 이어진다.

- Previous works *have shown* that the interaction between particle *is* weak.

[v] 인칭대명사는 어떠한 종류의 기술논문에서도 일인칭을 사용하지 않는 것이 바람직 하다.

예컨대, 목표, 목적등을 적을 때는 정해진 표현을 따르는 것이 좋다. 다음과 같은 표현은 피해야 한다.

- I suggest the method ...
- I prove the theorem ...
- In the present paper I develop an experimental approach to obtain ...

이상과 같은 표현은 주제넘은 느낌을 준다. 한편 복수 일인칭은 저자가 한 사람인 논문에도 적절하다.

- In the present paper we develop an experimental approach ...

이 문은 암묵리에 저자가 다른 연구자들이 성취한 결과를 원용하고, 또 자

신의 연구소에서 동료와의 의논을 통해서 얻은 결과도 기술하고 있다는 것을 의미한다. 복수 1인칭의 사용은 특히(교과서 처럼) 교육을 목적으로 해서 쓸 때 유용하다. 예컨대

- We prove this theorem by contradiction.

라는 문은 독자가 그 정리를 증명하는 논리적 process에 관여해서 독자 자신도 그 증명의 상세를 해보도록 기대된다는 것을 의미한다. 그러나 2 인 이상의 저자에 의한 논문은 일반적으로 복수 1인칭으로 쓰는 것은 바람직하지 않다. 이런 경우에는 저자들이 말하고 싶은 것을 표현할 때에도 비인칭의 구문으로 하는 편이 좋다. 예컨대

- We carry out these calculations under the following conditions.

로 쓰는 대신

- These calculations are carried out under the following conditions.

로 표현한다. 또한 기술논문에서는 독자에게 직접 말을 거는 일은 피하는 것이 좋다. 예컨대

- You can see from this figure that the instability wave is clearly excited and is seen to grow exponentially downstream.

라는 표현은

- This figure shows that the instability wave ...

로 쓴다.

2.5 강연에서 기호 · 수식 · 그림 등을 읽는 법

본 절에서는 영어로 적은 수식과 기호를 어떻게 읽는지 또 영자 이외의 기호는 어떻게 발음하는지, 또한 그림이나 표를 어떻게 설명하는지를 해설한다.

많은 연구자들은 자신의 연구를 국제회의나 세미나에서 발표하거나 아니면 특별강연을 하기 위하여 외국에 나간다. 이같은 프리젠테이션을 할 때 그 연구자는 특정한 기호나 표기법을 어떻게 읽어야 좋을지에 대해서 항상 주의

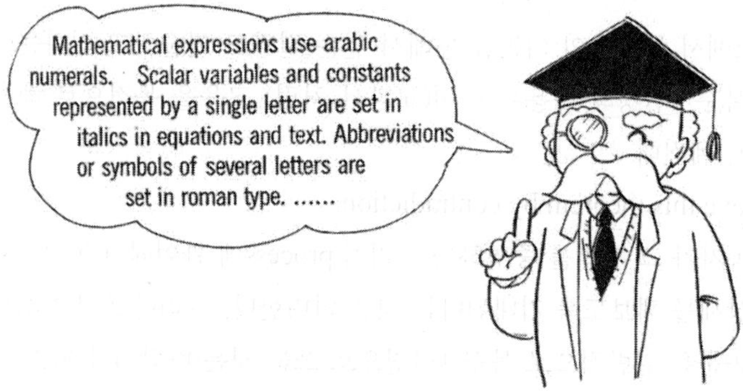

하지 않으면 안 된다. 물론 가장 간단한 방법은 기호나 수식을 제시하고 매번 [이것(this)]은, [이 식(this formula)]은 이라고 말하는 것이다. 그러나 이런 방식은 청중을 혼란시키고, 보고된 결과가 아무리 주목 받을만한 것이었다 하더라도 나쁜 프리젠테이션 이라는 인상을 준다. 그러므로 필요할 때는 언제든지 기호나 수식을 정확하게 읽어야 한다.

수식을 읽는 엄밀한 규칙은 있지 않다. 사실인즉 수학적 표현을 읽는 방법과 습관은 많다. 다음에 몇가지 표준적인 읽기 방식을 소개하지만 결코 그것이 유일한 것은 아니다. 덧붙여서 아래의 예문에서 알 수 있듯이 물리량(物理量)은 이탤릭체로 표시한다.

[1] 소수와 분수 (Decimals and Fractions)

12.035	twelve point zero three five
0.67	zero point six seven
$\frac{1}{2}$	a half (one half)
$\frac{1}{3}$	a third (one third)
$\frac{1}{4}$	a quarter
$\frac{1}{10}$	one tenth (분자는 기수사, 분모는 서수사)
$\frac{3}{12}$	three twelfths (분자가 2 이상이면 분모의 서수사는 복수형)

$7\frac{3}{5}$	seven and three fifths
$\frac{a}{b}$	*a* over *b* (*a* by *b*)

[2] **지수** (Index of exponential functions)

a^2	*a* squared
a^3	*a* cubed
a^n	*a* to the power *n* (*a* to the *n*-th power, *a* to the *n*)
a^{-n}	*a* to the power minus n (*a* to the minus *n*-th power, *a* to the minus *n*)
$a^{-n/m}$	*a* to the power minus *n* by *m* (*a* to the minus *n* by *m*)
$\sqrt{a}$	the square root of *a*
$\sqrt[3]{a}$	the cube root of *a*
$\sqrt[n]{a}$	the n-th root of *a*

[3] **함수** (Functions)

$\sin x$	sine *x*
$\cos x$	cosine *x*
$\tan x$	tangent *x*
$\cot x$	cotangent *x*
$\exp x$	exponential *x*
$\log x$	log *x*
$\log_a x$	log *x* to the base *a*
$\ln x$	natural log *x*

[4] **관계** (Relations)

$m=n$	*m* equals *n* (*m* is equal to *n*)
$m\neq n$	*m* is not equal to *n*

$m \approx n$	*m* is nearly / approximately equal to *n*
$m \propto n$	*m* is proportional to *n*
$m \langle n$	*m* is less / smaller than *n*
$m \leqq n$	*m* is less / smaller than or equal to *n*
$m \ll n$	*m* is much smaller than *n*
$m \rangle n$	*m* is more / greater than *n*
$m \gg n$	*m* is much greater than *n*
$m \geqq n$	*m* is greater than or equal to *n*
$m \rightarrow n$	*m* tends / approaches to *n*

[5] 상부기호, 하부기호 (Superscripts, Hats / Subscripts)

R_n	*R* subscript *n* (*R* sub *n*)
R^n	*R* superscript *n* (*R* super *n*)
R'	*R* prime (dash)
R^*	*R* asterisk (star)
$\hat{R}$	*R* hat
$\bar{R}$	*R* bar
$\widetilde{R}$	*R* tilde

[6] 괄호 (Fences)

( )	parentheses (open / initial and close / final)
[ ]	brackets
{ }	braces†
(x)	x in parentheses
∞	infinity

† 수식에서 다중의괄호를 쓰는 경우에는 { [( )] }의 순으로 쓴다. 예컨대 z=R {a+b [c+d (x+y)] }로 한다. 일본과는 습관이 다르므로 주의한다.

[7] 연산 (Operations and Operators)

$a \pm b$	*a* plus or minus (plus-minus) *b*
$a \times b = c$	*a* times *b* equals *c* (*a* multiplied by *b* equals *c*)
$\frac{a}{b} = c$	*a* divided by *b* equals *c*
$\|x\|$	modulus of *x* (absolute value of *x*)
df	differential of *f* (directly '*df*')
$\frac{df}{dx}$	derivative of *f* with respect to *x* ('*dfdx*')
$\frac{\partial^2 f}{\partial x^2}$	partial second derivative of *f* with respect to *x*
$\int_a^b f(x)dx$	integral of f *x* from *a* to *b*
$\iint, \iiint, \oint$	double, triple, and loop integral
$\sum_{m=1}^{N} x_m$	the sum of all x m, m runs from 1 to N
$\prod_{m=1}^{N} x_m^i$	the product of all x m *i*, m runs from 1 to N

[8] 그림속의 기호 (Symbols in Figures)

———	solid line
- - - - - - -	broken line
....	dotted line
-·-·-·-	dash-dotted line
━━━	thick solid line
———	thin solid line
○	open circle
●	closed circle (solid circle)
⊙	circle with dot
△	up triangle
▽	down triangle

□	square
*	asterisk
×	cross

강연 중에 그림을 제시했을 때 그에 대해 무엇이든 설명해야 한다. 이 설명은 보통 3부로 이루어 진다. 우선 이 그림은 무엇인가. 또 그것이 무엇을 나타내는가를 말한다. 예컨대

- This figure shows the flow fluctuation amplitudes in an elliptic jet.
- This slide illustrates schematic of type IV supersonic jet interference pattern.
- What you see here are Schlieren photographs and heat transfer rate along the body surface.
- Here, we have plotted the drag *Cd* as a function of Reynolds number *Re*.
- What we have here in this slide is the overall view of the apparatus used in the experiments.
- This figure presents acoustic amplitudes and phase velocities for $M_{jet} = 1.45$.
- The next slide shows the conclusion of this study.

다음에는 제시된 그림에서 사용된 기호나 사양을 설명한다. 예컨대

- The solid line indicates experimental data.
- The asterisk denotes computed results.
- The x-axis indicates the stagnation temperature; the y-axis is used for the inflow Mach number.
- The residual is given in this figure in the logarithmic scale.
- This device is x cm long, y cm wide, and z cm high.
- The elliptic nozzle has an aspect ratio of 3:1.
- The exit area of the nozzle is 150 mm^2 .
- The electrodes are located at azimuthal angles of approximately 45 deg, 135 deg, 225 deg, and 315 deg.

• Flow-field fluctuation measurements were made with a Disa Model 55 D 01 constant-temperature hot-wire anemometer system.

끝으로 가장 중요한 점을 강조하고, 또한 청중의 흥미를 끌만한 점에 주목하면서 표시된 데이터를 설명한다.

• As you can see, *z* has two distinguished peaks in the interval between −1 and +1.
• As shown here [*pointing*] the temperature increased monotonically as the Mach number decreased.
• At this point [*pointing*] temperature reaches a peak of Mach number ; the maximum is 600 K.
• This figure shows that the temperature remains constant at about 500 K.

2.6 논문의 투고와 심사

논문원고를 완성하면 국제회의 또는 학술지에 투고하게 된다. 둘 다 투고와 심사 과정이 비슷하지만, 일반적으로 학술지의 경우가 국제회의의 경우보다 심사가 엄격하다. 따라서 여기서는 학술지에 투고했을 때의 프로세스를 중심으로 설명한다.

2.6.1 투 고 − Submission −

[1] 학술지의 선택

맨 먼저 투고할 학술지를 선정해야 한다. 논문의 주제와 관련된 학술지는 여럿이 있으므로 얻어진 결과를 싣는데 가장 적합한 학술지를 고르는 것이 중요하다. 일반적으로 말해서 분야면에서 관련이 깊고, 국제적으로 지명도가 높고, 그리고 많은 엔지니어나 과학자들이 읽는 학술지에 투고해야 한다. 그 판단기준으로서 아래의 사항을 들어둔다.

① 국제성(국제적 학술지인가 국내의 학술지인가)

② 지명도

③ 독자층 (좁은 범위의 전문가 인가 일반적인 연구자 인가)

④ 구독자 수

⑤ 게재의 난이도

⑥ 게재의 소요시간

⑦ 종합지 인가 전문지 인가

⑧ 학술지 인가 상업지 인가

등이다.

예컨대 많은 학자들 사이에서 오랫동안 현안이던 문제를 해결한 논문이라면 높은 국제적 지명도에 주목하여 선정해야 할 것이고, 한편 최근에 급성장하고 있는 공업에 관련된 화제라면 속보성에 주목하는 것이 중요하다. 아무리 생각해도 판단을 못내리고 망설일 때는 동료나 지도교수의 의견을 참고하여 정하면 된다.

학술지의 게재 난이도를 어림짐작 하도록 Thomson Institute for Scientific Information (Thomson ISI)사에서 학술지의 순위와 상대적 평가를 위해 제공하는 (어떤) 정량적 규칙을 이용할 수 있다. 이러한 규칙의 하나로 이른바 [임팩트 팩터(impact factor)]가 있다. 대체로 학술지의 임팩트 팩터와 거기에 게재되기 전에 행하여지는 교열의 완전성과 엄격함 사이에는 상관이 있다. 높은 임팩트 팩터를 지닌 학술지에 게재되기 위해서는 투고 논문이 독창성, 중요성, 정확성 등의 질적 요인에 관한 지극히 높은 수준을 충족시키지 않으면 안된다. 간단히 말하면 이 임팩트 팩터는 그 학술지에 실린 [평균적인 논문]이 어떤 특정연도 또는 기간에 인용되는 빈도를 반영한다. 그러나 임팩트 팩터의 계산법에도 한계가 있으며, 이것이 이용자에게 잘못된 인상을 줄 가능성이 있다는 점에 주의해야 한다. 그 한계는 데이터를 모으는 기간이 통상 수년이 걸리고, 또 데이터를 모으는 범위가 그 학술지와 관계된 특정분야 뿐만 아니라 모든 분야에 걸쳐 있다는 데 원인이 있다. 이것은 최근 「화제가 된 논문(hot papers)」이 임팩트 팩터를 바꿔 놀 수 있는 가능성이 있음을 의미한다. 그러나 그렇다하더라도 임팩트 팩터는 투고하는 학술지의 격식에 대한 대략적인 평가를 내리는데 도움이 된다.

[2] 논문의 송부

논문을 투고할 학술지를 정했으면, 투고규정(guide to authors)을 주의 깊게 읽어야 한다. 보통 이 투고규정은 학술지의 뒤표지 등에 적혀있다. 원고를 준비할 때는 투고규정에 지시되어 있는 체제, 글자체, 나아가서는 문체를 엄밀히 따르도록 한다. 완성된 원고를 잘 check 하고, 하드 카피(hard copy) 몇 부(학술지에 따라 다르지만 통상은 3~5부)와 원고의 전자 파일을 넣은 디스크를 지정된 수신인 (대개의 경우 편집위원장이나 편집위원 중 한사람)에게 보낸다. 이러한 자료에 다음과 같은 내용을 담은 편지를 첨부한다.

- *Please find the enclosed three copies of the manuscript by Igor Men'shov and Yoshiaki Nakamura titled "Implementation of … Flow Fields" submitted for the publication in the Journal for Scientific Science. Also enclosed are: 1) a disc with electronic version of the manuscript (MS-Word 7 format), 2) …, 3) …,*

논문의 투고시에는 (때때로 교열 후 일때도 있지만), **저작권의 양도와 미투고의 확인**에 관한 서류도 요구 받는다. 대부분의 학술지는 이미 발표된 원고는 수리하지 않는다는 점에 주의한다. 투고규정에는 언제나 아래와 같은 대목이 나온다. [The paper is neither published for publication, in whole or in part, either in a professional journal or as a part in a book which is formally published to the public.] 그러므로 연구자는 투고논문의 독창성에 주의해야 한다.

최근에는 학술지에 따라서 관련 Website, 아니면 E-mail로 원고를 보내도록 요구하기도 한다. 이런 경우, 요구받은 모든 자료, 즉 논문원고, 편지, 서류 등은 적당한 전자 file로 준비해서 그것을 website 상의 field에 보내거나, E-mail의 경우에는 편집위원 앞으로 편지에 첨부해서 보낸다. 송부한 후 얼마 지나지 않아 원고와 다른 자료를 틀림없이 받았다는 확인편지가 편집위원장 한테서 도착한다. 만일 오랜 시간이 지나도 저자에게 아무런 회답이 오지 않을 때는 논문을 받았는지 아닌지 편집위원장 한테 연락하는 것이 좋다.

여기서 국제회의에서 발표하는 경우에 관해서 언급한다. 논문의 투고에 관한 정보는 주최측에서 보내오는 특별한 안내 팸플릿이나 인터넷 상 회의의 Web 페이지에서 고시된다. 보통 투고절차는 학술지의 경우 보다는 쉽고, 다음과 같이 진행된다. 먼저 1～2페이지의 강연요지(abstract)를 요구받는다. 이것을 송부장과 함께 지정된 마감일 까지 회의 조직위원회에 보내야 한다. 그 후에 저자는 발표허가에 관한 편지를 받게 된다. 만일 논문발표를 허가 받았으면, 강연논문집(conference proceedings)에 게재하는 논문을 마감일까지 보낸다.

2.6.2 심 사 – Review –

[1] 심사과정

편집위원장은 필요한 서류와 함께 논문원고를 접수하면, 그 내용이 학술지의 분야에 적합한지 아닌지를 판단한다. 적합하다면 복수(2 명인 경우가 많다.)의 심사위원(referee)을 전문가 가운데서 선출하여 논문의 심사를 의뢰한다. 심사위원은 독창성(originality), 완결성 (completeness of the work), 표현의 명료성(clarity of the writing), 문헌조사(awareness of other relevant studies) 등의 관점에서 심사하여 게재의 가부를 판단한다. 만일 2 명의 심사위원의 의견이 가부로 갈리는 경우에는 제 2의 심사위원(편집위원장 자신이 되기도 한다.)을 선임하여 다수결에 의해서 가부를 결정한다.

심사는 그 때 그 때의 상황에 따라서 비교적 오랜 시간이 걸리기도 하지만,

보통은 투고 후 수주에서 수개월 간에 행해진다. 그리고 편집위원장 한테서 심사위원의 심사평과 함께 서신을 받는다. 그 심사평에는 예컨대 [그대로 게재가](Acceptable as it is)]. [게재가이나 정정 또는 수정 요함 (Acceptable but needed some revisions or modifications)], 또는 [게재불가(Unacceptable)]와 같은 심사결과가 적혀있다. 보통 [그대로 게재가]의 논문은 많지 않으며, 심사위원이 심사평과 함께 논문의 수정을 요구받거나 게재불가인 경우가 많다. [그대로 게재가]의 경우는 저자가 수정이 필요치 않는, 대단히 좋은 논문을 쓰는데 성공했음을 의미한다. [정정 또는 수정 요함]의경우에는 심사위원의 심사평을 십분 검토해서 필요한 수정을 행한다. 그리고 심사위원의 심사평 하나하나에 대해서 어떤 부분을 어떻게 (그리고 왜) 정정했는가, 그리고 만일 심사위원의 의견이 적절치 않다고 생각했으면 그에 대한 반론도 포함해서 정중히 대답한 편지를 첨부해서 수정논문을 다시 보낸다. 이 때 아래와 같은 예문을 참고하면 좋다.

- *Thank you very much for your letter of March 5, 2003 together with the referee reports on our paper [Registration NO. JVA－03－102]. Please find the enclosed revision of the paper, which has been modified according to the referee's remarks. For convenience I have described in a separate sheet the changes we made. I hope that we could fully address the points raised by the referees. I look forward to having your decision soon.*

수정한 원고는 되도록 빨리 반송해야 한다. 학술지에는 보통 논문을 고쳐쓰는 기간이 있다. 그것을 초과하면 그 논문의 상태는 [투고 필]에서 [신규]로 바뀌고 그렇게 되면 저자는 처음서부터 다시 시작해야 한다.

[2] 심사위원은 적인가 내편인가

논문이 [게재불가]가 되고, 그리고 심사위원의 강평이 적절하지 않다고 생각 될 때 어떻게 대처하는 것이 좋을 까. 이 물음에 답하기 전에 먼저 다음 사항을 이해하기 바란다. 심사위원은 그 논문의 내용과 같은 분야의 전문가 가운데서 선정되지만 전문이 더 깊이 그리고 세분화된 결과, 심사위원이 반드시 어떤 특정분야에 소상하지도 않고, 틀린 심사평을 내릴 수도 있다. 그러므로 저자는 심사위원의 심사평을 매우 주의깊이 검토하지 않으면 안 된다. 심사위원에 대해서 절대로 화를 내지 말기 바란다. 왜냐하면 심사위원은 결코 적이 아니고 당신의 논문을 개선하기 위한 의견을 전하는 adviser이고, 시간을 희생해 가면서 그 학술지의 질적 향상을 위해 노력하는 전문가이기 때문이다.

유감스럽지만 [게재불가]가 되었을 때 (영어로는 이 경우를 [rejected]가 아니고 [not accepted]라고 표현한다.] 저자에게는 세 가지 길이 있다. 강평을 주의 깊게 검토하여 반론을 하든가, 아니면 그 강평을 참고로 해서 원고를 수정하여 다른 학술지에 투고하거나 아니면 강평에 납득하여 투고를 단념하는 것이다. 최종적으로 어떻게 할 것인가는 저자 자신의 책임으로 결정할 일이지만, 일반적으로는 일단 게재불가가 된 결정을 번복하는 것은 지극히 어렵다는 것을 말하고 싶다.

표 2.2 교정용 기호(미국식)

Instruction	American marginal mark	American mark	Corrected text
Delete		the big paper	the paper
Close up		the pa per	the paper
Delete and close up		the paaper	the paper
Restore deletion	stet	the good paper	the good paper
Insert in line	good	thepaper	the good paper
Substitute in line	good	the bad paper	the good paper

Insert space in line	#	thepaper	the paper
Equalize spacing	eq#	thegood paper	the good paper
Begin new paragraph	¶ [or] L	The good paper was accepted. ¶The bad paper was rejected.	The good paper was accepted. The bad paper was rejected.
Run paragraphs together	no¶	The good paper was accepted The bad paper was rejected.	The good paper was accepted. The bad paper was rejected.
Move to the left	⊏	⊏the paper	the paper
Move to the right	⊐	the paper	the paper
Center	ctr	⊐ the paper ⊏	the paper
Transpose	tr.	also is written	is also written
Lower case letter	lc	the Good paper	the good paper
Capitalize as marked	cap	the paper of taylor	the paper of Talylor
Set in boldface type	bf	the good paper	**the good paper**
Set in lightface type	lf	the **paper**	the paper
Set in italic type	ital	the good paper	*the good paper*
Set in roman type (upright type)	rom	the *paper*	the paper
Comma	^,	the paper which	the paper, which
Hyphen	=/=	well posed	well-posed
Parenthesis mark	(/)	paper Lee 1900 was	paper(Lee 1900) was
Slash	/	100 kmsec	100 km/sec

Proof marked for corrections

Definition of an ideal turbulence model

Turbulence modeling is one of three key elements in computational fluid dynamics/CFD. Very precise mathematical theories have evolved for the other two key elements grid generation and algorithm development. By its Nature – in creating mathematical model that aproximates the physical behavior of turbulent flows – less far precision has been achieved in turbulence modeling. This is not really a surprising event since our objective has been toapproximate an extremely complicated phenomenon. The field is to some extent, a throwback to the days of *Prandtl, Taylor, von Karman* and the all many other clever engeneers who spent a good portion of their time devising engeneering approximations and models describing complicated physical flows. Simplicity combined with physical in sight seems to have a common denominator of the work of these great man. Using their work as a gauge an ideal model should introduce the minimum amount of complexity while capturing essence of the relevant physics. This description of an ideal model serves as the main keystone of this paper.

Proof after corrections

Definition of an ideal turbulence model

Turbulence modeling is one of three key elements in Computational Fluid Dynamics(CFD). Very precise mathematical theories have evolved for the other two key elements, grid generation and algorithm development. By its nature—in creating a mathematical model that approximates the physical behavior of turbulent flows—far less precision has been achieved in turbulence modeling. This is not really a surprising event since our objective has been to approximate an extremely complicated phenomenon.

The field is, to some extend, a throwback to the days of Prandtl, Taylor, von Kaman and all the many other clever engineers who spent a good portion of their time devising engineering approximations and models describing complicated physical flows. Simplicity combined with physical insight seems to have a common denominator of the work of these great men. Using their work as a gauge, an ideal model should introduce the minimum amount of complexity while capturing the essence of the relevant physics. This description of an ideal model serves as the main keystone of this paper.

그림 2.3 교정의 예

2.7 교 정

일반적으로 학술지에 출판되기 전에 저자는 교정을 보아야 한다. 교정쇄를 원래의 원고와 비교하여 식과 수치 데이터에 잘못이 없는지, 철자와 구두점, 단락의 분리, 표제의 순서, 문헌의 인용, 그림이나 표 등이 적절한 것인지 주의 깊게 살펴야 한다. 또한 그림이나 표가 본문 안에서 처음으로 설명된 자리 가까이에 놓여 있는지를 체크한다. 이 단계에서는 인쇄회사의 잘못만을 수정하게 된다. 교정 단계에서는 내용의 변경, 문체의 개선, 새 자료의 추가 또는 삭제를 해서는 안 된다. 표 2.2는 미국에서 사용되는 교정용 기호이다. 교정의 한 예를 그림 2.3에서 제시한다. 윗 그림이 교정을 본 원고이며, 그 결과 아래의 그림에서 처럼 수정되었다.

2.8 정 리

결론으로서 본장에서 설명한 내용을 정리한다.

첫째 간결하고 명료해야 한다. 긴 문을 피하고, 쓰고 싶고 말하고 싶은 것을 짧고, 알기 쉬운 문의 논리적 연결에 의하여 제시 한다. 또한 이들 문의 연결이 명료함과 동시에 본질적인 내용이 빠져 있지 않았는지 확인하는 것이 중요하다.

둘째 정확하며 모호하지 않고 명확해야 한다. 다시 말해서 자신의 의견을 막연하게 말하지 않으며, 완곡한 표현을 피하고 가능한 한 단정적이며 명확하

게 말한다.

셋째 영문법의 규칙을 지킨다. 그리고 수동태나 종속절의 사용을 피하는 것이 좋다.

넷째 원고를 더 이상 개선할 여지가 없다고 말 할 수 있을 때 까지 되풀이 읽어본다. 좋은 문장을 쓰려면 엄청난 노력이 든다는 것을 인식하고, 간단히 끝내려고 하지 않는다.

끝으로, 될 수 있는 대로 많은 과학 관련 교과서와 정기 간행물을 읽을 것을 권한다. 그러므로써 과학영어의 표준적 표현에 대한 감각을 예리하게 키우고 무엇이 좋고 무엇이 나쁜가를 가려내는 능력을 높일 수 있다.

인용 · 참고문헌

1) Leggett, A.J. : Notes on Writing Scientific English for Japanese Physicists. 일본물리학회지 21권 11호, pp.790－805(1966)

2) M. Barton : Some Comments on Writing Scientific Reports in English, 일본물리학회지, 22권11호, pp782－789(1967)

3) E. P. Bates, P.S. Moss and K. Yamamoto : Be Kind to Your Readers : How to Write Better Scientific and Engineering Papers, 이과를 위한 서바이벌영어입문, 고단사(1996)

4) Hacker, D.: A Writer's Reference (4th Ed.), Bedford/St.Martin's(1999)

5) Style Manual Committee : Scientific Style and Format : The CBE Manual for Authors, Editors, and Publishers (6th Ed.), Cambridge University Press.(1994)

6) Day, A. R. : How to Write & Publish a Scientific Paper(5th Ed.), The Oryx Press(1998) (A. R. 데이 저, 미야케 역) 첫 번째 과학영어논문, 마루젠 (2001)

03
영어로 하는 프레젠테이션

3.1 시작하면서

다음의 학술강연에서 뽑은 짧은 글을 보아주기 바란다.

" ... Erm, if that occurred, er. I think it would be possible to say—well, the fact that, th... thi... this only bear out, only a bare outline might suggest it hadn't been fully worked out, maybe an inference can be drawn that it shouldn'tbe believed..."

당신은 이것을 이해할 수 있을까요. 짧고, 문맥상 무엇인가 정보가 빠져 있으므로 이것을 이해하기란 어렵다. 그런데 이 강연자가 영어가 능숙하지 않고, 영어를 말하는데 자신이 없다는 것을 십분히 느낄 것이다. 아마도 이 강연자는 영어가 모국어가 아닌 사람일 것이고, 아 분명히 일본서 온 젊은 기계공학의 engineer 임이 틀림없다!

How to give a successful oral presentation in English

Edward Haig

Graduate School of Language and Culture
Nagoya University

You do not need to speak

Perfect English

to make a successful presentation

1) 페이지 아래에 있는 그림은, 강연회에서 사용한 영문 슬라이드이다.(서문 참조)

아니, 틀렸어요. 이것은 최근에 출판된 Academic English Study Skills CD-ROM에서 발췌한 것이다. 강연자는 영어를 모국어로 하는 사람(native speaker)이며, 게다가 그는 영국 최고의 대학의 저명한 교수이다.

이 발췌는 강연(oral presentation)에 숙달한 native speaker 일지라도 완전한 형식의 문장을 말하지 않는다는 것을 보여준다.

만일 본장에서 다른 아무 것도 배우지 않더라도 아래의 한가지만은 기억해 주기 바란다. 그것은

[**프레젠테이션에 성공하기 위해 완벽한 영어를 말할 필요는 없다.**]라는 것이다.

본장의 주요목적은 과학기술에 관한 국제회의에서 어떻게 하면 프레젠테이션에 성공할 수 있는가에 대하여 advice를 하는 것이다.

그러나 그러한 개별적인 내용에 들어가기 전에 두 가지의 일반적 사항에 대해서 약간 말하고자 한다. 첫째는 국제적 커뮤니케이션을 위한 영어의 사용에 관해서, 둘째는 글로벌(global) 언어로서의 영어의 사고방식에 관해서 이다.

3.1.1 국제적 커뮤니케이션에서의 영어의 사용

요즘 글로벌라이제이션(globalization)에 관해서 듣게 된다. 그러나 과학기술의 세계에서는 한참 전부터 그것이 시작하고 있었다. 그리고 과학기술에 있어서의 세계화의 한 특징은 연구결과를 전달할 때 사용하는 언어와 관련이 있

Outline

- Part 1 Introduction
- Part 2 How to give a successful oral presentation
- Part 3 Final remarks

The use of English for international communication

- English is the language of science and technology
- English is the language of globalization

다. 그 언어는 영어이다. 영어는 다른 어떠한 언어 보다도 과학기술 관계의 학술지나 국제회의에서 많이 쓰이고 있다. 세계 일류의 과학자나 기술자가 되기 위해서는 단순히 전문분야에 관하여 많이 알고 있다는 것 만으로는, 또는 영어로 된 논문이나 전문서적을 읽을 수 있다는 것 만으로는 충분하다고 할 수 없다. 요즘은 자신의 연구에 관해서 영어로 커뮤니케이션을 할 수 있어야만 한다.

대다수의 일본인 과학자와 기술자는 영어로 된 기술보고서를 충분히 읽을 수 있고, 또한 많은 사람들은 학술적인 영어를 나름대로 쓸 수 있다. 설령 그들이 그러한 능력이 없다 하더라도 논문을 학술지에 투고하기 전에 사례금을 주고 교정 전문가나 번역자에게 부탁할 수도 있다. 그러나 영어로 프레젠테이션을 하지 않으면 안될 때는 큰 난관에 부딪힌다. 간단히 말해서 문제는, **아무도 당신을 대신하여 그 일을 할 수 없다**는 것이다. 국제회의에서 청중 앞에서 말하지 않으면 안되었을 때, 15분, 20분, 어쩌면 45분이 될지 모르지만, 당신은 아무한테도 의지할 수 없다. 많은 영어 native speaker에게도 이것이 불안한 것일진대, 하물며 일본인인 당신에게 이것은 크나큰 시련일 것이다.

필자는 13년간 일본에서 살며 일해 왔으며, 일본 사람이 영어를 말할 때 마주치는 특별한 어려움에 대해서 제법 알게 되었다. 그래서 본장에서는 어떻게 하면 국제회의에서 성공하는 프레젠테이션을 할 수 있는가에 대해서 외국인의 관점에서 advice를 하고 싶다. 그러나 advice를 얼마정도 하고, 또 그것이 얼마나 많이 도움이 된다 하더라도 advice를 듣기만 해서는 완전한 프레젠테

It's up to you!

There is only one person who can give your presentation for you

Skill, not knowledge

- Giving a presentation is a matter of <u>skill</u> to be practiced rather than <u>knowledge</u> to be acquired.
- Learning to give a successful presentation is like... learning to ride a bicycle

이션을 할 수 있게 된다는 보장은 할 수 없다. 그것은 좋은 프레젠테이션을 하는 것은 지식 그 자체가 아니고 **기량**(skill)이기 때문이다. 비근한 예를 들자면, 좋은 프레젠테이션을 하는 방법을 배우는 것은 자전거 타는 법을 배우는 것과 비슷하다. 자전거의 구조에 관한 설명 자체는 자전거를 타고 페달을 움직이는 간단한 일에도 도움이 되지 않을 것이다. 상당한 기간 동안 신체 전체와 전 신경을 사용해서 연습할 필요가 있다. 그리고 연습의 과정에서 피할 수 없는 것은 가끔 자전거에서 떨어져 무릎이 까진다는 것이다. 그러나 마치 자전거가 당신의 몸을 더욱 빨리 그리고 더 멀리로 이동시킬 수 있듯이 영어로 프레젠테이션을 할 수 있으면 당신의 아이디어와 연구상의 발견을 더욱 넓은 범위에 전하게 될 것이다.

3.1.2 글로벌 언어로서의 영어

또 하나의 이야기는 [글로벌 언어로서의 영어의 정치학(politics of English as a global language)]으로 불리는 것에 관한 것이다. 최근 native speaker 보다 더 많은 non-native speaker 들 사이에서, 일상적으로 일과 놀이 양면에서 영어가 사용되고 있는 것은 주목할 가치가 있는 사실이다. 국제회의에서는 아마도 전세계에서 온, 영어로 프레젠테이션을 하는 다수의 non-native speaker들을 만나게 된다. 그런 사람들은 저마다 영어에 관한 어려움을 갖고 있다. 물론 그

1.2 English as a global language

- English is used by more people in the world who are *not* native-speakers of English. than people who *are* native-speakers
- Forget about Standard English
- Japanese-English is OK
- Don't be a perfectionist

러한 어려움의 어떤 것은 개인적인 것이기도 하지만, 더 일반적으로 말해서 그들 자신의 문화나 모국어가 그들의 영어 사용에 [간섭(interfere)]한 결과라는 것이 자주 나타나고 있다. 예컨대 영어와 일본어의 차이에서 비롯한 것으로서 일본 사람은 [r]와 [l]의 발음의 구별, [a] 와 [the]의 올바른 사용, 영어의 intonation 에 걸맞는 억양을 다는 법에 관해서 특별한 문제를 안고 있다. 또한 문화적으로 볼 때 일본 사람이 연설을 할 때 원고를 읽는 일은 흔한 일이며 또 공공장소에서는 위엄과 형식을 중시하므로, 영어를 사용하는 회의에서는 보통 스타일인, 느긋하고 평상시와 다름없는 화술에 서툴러 보인다.

영국 또는 북미에서 사용되는 영어에 기반을 둔 [표준어] 라는 개념은 현재 일반적으로는 잘못 된 생각이다. 그것은 식민주의의 역사에서 비롯한, 시대에 뒤떨어진 개념이다. 영국내에서 조차도 종교적 · 민족적 accent나 방언에 관해서 이전에는 많은 차별이 있었다. 예컨대 1930년대의 BBC 라디오의 녹음을 들어보면 아나운서가 사용하는 상류계급에 속하는 런던 거주의 백인남성의 accent를 대하게 된다. 이들 방송은 영국의 언어의 다양성에 대해서 어쩌면 그토록 부자연스럽고 편파적인 이미지를 만들었던 것인지. 그러나 최근에는 영국 사회가 민주적이고 다양한 문화를 갖게된 현실을 반영하여 BBC는 다양한 accent를 쓰는 아나운서를 채용하고 있다. 지금도 대중의 언어로서 수용할 것

국제회의(일반강연)의 한 화면

인가 말것인가를 구별하는 기준이 있기는 하나, 다행히도 그것은 인종차별이나 사회적 신사연 하는데서 오는 것이 아니고 지성과 성실성을 갖추기 위한 논리적 규범에 근거한다.

마찬가지로 국제적 시점에서 볼 때 글로벌 언어로서의 영어의 보급은 영어를 말할 때의 다양성이 더욱 더 수용되고 있음을 의미한다. 지금 일본사람이 가장 필요로 하는 것은 어떤 특수한 영국식 또는 미국식 스타일의 표준어를 흉내 내는데 시간과 정력을 낭비하는 것 보다는 일본인영어(Japanese-English)를 사용하여 당신의 생각을 명확하게 표현하는 능력이다. 전문의 언어학자로서의 관점에서 말하자면, 영어의 허다한 형태중의 하나인 일본인 영어는 개성과 흥미 있는 특징을 갖고 있으며, 그것은 다른 형태 보다 뛰어나다든가 뒤떨어진다든가 하는 것이 아니다. 여기서 강조하고 싶은 것은, 일본인 영어를 부끄러워하지 말라는 것이다. 일본인이고, 말하는 영어의 종류, 사용하는 어휘, 액센트, 인토네이션은 개인적이며, 직업상의, 그리고 국민적인 정체성을 이루며, 글로벌 언어인 영어의 풍부하고 굉장한 다양성을 구성하는 하나의 중요한 요소이다.

만일 연구결과를 효과적으로 전하는데 충분한 정도의 영어를 말한다면 자기의 영어능력을 걱정할 것이 없다. 일본의 교육문화는 완벽주의(perfectionism)에 높은 가치를 두는 경향이 있으므로, 이점을 특히 일본에서 강조할 필요가 있다. 예컨대 필자가 대학에서 영어를 가르치다 보면 대다수의 학생은 질문에 대해서 아무 것도 답하지 않는 것 보다는 틀린 답을 하는 것을 더 부끄러운 일로 생각하고 있다. 이같은 태도는 나쁜 짓이라고 하지 않을 수 없다. 완벽주의는 다른 많은 상황에서는 나쁜 것이 아니지만, 잘못을 관용하는 것이 본질적으로 필요한 어학 학습에서는 마이너스로 작용한다.

일본인 학자의 프레젠테이션의 효과를 감소시키는 것은 어학의 문제가 아니라, 일본과 같은 문화권에서 온 사람들에게 공통된 문화의 문제이다. 따라서 필자가 지금부터 말하는 것은 국적과는 관계가 없으며 앞으로 영어로 강연할 필요가 있는 모든 사람들에게 적용될 수 있겠다.

3.2 어떻게 하면 프레젠테이션에 성공하는가

이 강연의 주제, 즉 국제회의에서 영어로 강연하는 문제로 돌아가자. 회의에는 수천명의 참가자가 모이는 대단히 큰 총회(general meeting)에서 한 가지 특별한 주제만을 다루는, 소수의 참가자 밖에 없는 워크숍(workshop)에 이르기 까지 여러 종류가 있다. 마찬가지로 프레젠테이션에도 여러 가지 종류가 있다. 그중의 하나는 보통 고명한 지도급 학자에 의하여 행해지는 것으로, **기조연설**(keynote speech)이라고 불린다. 그것은 다수의 사람들 앞에서 커다란 스테이지 위의 연단에서 가끔씩 원고를 읽어가면서 지극히 격식있게 이루어진다. 한편 이와 반대쪽 극에는 **포스터 프레젠테이션**(poster presentation)이 있다. 여기서는 극소수의 참가자만이 모여서 제법 비공식적인 1대 1의 회화가 행해진다. 그러나 본장에서는 연구자가 행할 가능성이 가장 높은 보통의 프레젠테이션에 논의를 한정한다.

3.2.1 논문과 프레젠테이션의 차이

프레젠테이션 시에 나타나는 많은 문제는 논문과 프레젠테이션의 차이를 충분히 인식하지 않는데서 생긴다. 이 차이를 인식하게 되면 **왜 적은 대로 스피치용 원고를 읽으면 안되는가** 라는 결론에 이르게 된다.

[1] 참가자의 물리적 관계

논문의 경우, 저자와 독자는 공간적, 시간적으로 격리되어 있다. 그리고 독자는 내키는 대로 되풀이 해서 그것을 읽을 수 있다. 그러나 프레젠테이션의 경우는 강연자와 청중은 단지 한번 대면할 뿐이다.

어느 한 쪽도 정보전달의 수단으로서 장점과 단점이 있다. 프레젠테이션의 주된 장점은 청중한테서 즉각적인 반응이 있다는 것과 청중과 토론을 할 수 있다는 것이다. 그러나 그 장점을 살리기 위해선 **거기에 출석하고 있는 청중과**

의 의견교환을 통한 상호작용(interaction)을 하고 싶어 한다는 것을 청중에게 전하지 않으면 안 된다.

게다가 **그 강연이 단 한번 뿐이므로 자기의 강연의 내용이 청중의 기억에 강하게 남도록 노력하지 않으면 안된다는 점을 이해하기 바란다.**

[2] 청중의 관심

도서관에 가서 논문을 복사하는 사람이라면 누구나 그것을 주의깊이 관심을 가지고 읽을 것이다. 그러나 학회에서는 다음과 같은 이유에서 반드시 청중 전원이 흥미를 갖고 있는 것은 아니다. 첫째 일반적인 문제로서 최근에 이르러 연구가 매우 전문화되고 있어, 특히 대규모의 국제회의에서는 청중이 그다지 친숙하지 않는 화제를 들을 때가 자주 있다. 둘째 개인적인 문제이지만

How to give a successful oral presentation – Outline

1. Differences between a paper and a presentation
2. "To read, or not to read?"
3. Preparation
4. Structuring your presentation
5. Performing your presentation
6. Visual aids

Differences between a paper and a presentation

1. Physical relationship of participants
2. Attention of audience
3. information flow
4. Communication pattern
5. Time
6. Medium
7. Style
8. Quality control

1. Physical relationship of participants

- Acknowledge the presence of the audience
- Understand uniqueness of the situation

청중 가운데 몇 사람은 주의를 기울이지 않을 때가 있다. 예컨대 어떤 사람은 바로 다음에 하는 자기의 강연 일로 머리가 가득 차 있기도 하고, 어떤 사람은 조금 전에 자기들의 강연이 끝나 지쳐있기도 하다. 또 어떤 사람은 그 시간대에 특별히 듣고 싶은 강연이 없기 때문에, 우연히 그 강의실 안에 앉아있는지도 모른다. 또는 같은 시간대에 행하여지는 다른 강연에도 흥미가 있어, 만일 강연이 강연개요집의 abstract가 시사하는 만큼 재미가 있지 않으면, 당장이라도 다른 강의실에 가볼까 생각하고 있을지 모른다.

어떤 경우이든 엄격히 제한된 **강연시간의 이른 단계에서 청중의 흥미를 끌어당겨 나아가선 그 흥미를 끝까지 지속시키도록 노력해야만 한다.**

[3] 정보의 흐름

논문의 독자는 페이지의 레이아웃(표제, 단락, 볼드체와 이탤릭체 글자등)의 특징을 이용하여 전체를 파악하기 위해 빨리 읽어 나가든가 또는 상세한 점을 이해하기 위해 일부를 몇 번이고 되풀이 읽으면서 정보의 흐름을 조절한다. 이에 대하여 프레젠테이션에서는 정보의 흐름을 모두 강연자가 조절한다. 우리는 (테이프에 녹음하지 않는 한) 프레젠테이션을 [한번 더 들을] 수가 없다. 이 같은 이유에서 강연자에게는 청중이 프레젠테이션을 이해하게끔 하는 커다란 책임이 있다.

청중이 정보의 흐름을 더듬어 가는 일을 돕기 위해서는 다음의 방법이 유효하다. 첫째 프레젠테이션의 **시작에서(결론도 포함해서) 연구의 주요점을 명확**

2 Attention of audience

● Capture the audience' s attention

히 말한다. 둘째 프레젠테이션의 **본문 안에서 저마다의 주요점의 설명을 언제 시작하고 또 언제 끝내는지를 확실히 신호로 알린다.** 셋째 프레젠테이션의 끝에서 **주요점을 정리해서 되풀이 말한다.**

[4] 정보전달의 패턴(Pattern)

프레젠테이션의 본질은 의견교환을 통한 상호작용이므로, 강연자는 청중에 대해서 그들이 프레젠테이션 중에 환영받은 참가자라는 기분이 들게끔 해야만 한다. 다시 말해서 **강연 중에 청중과의 우호적인 관계를 쌓도록 노력하고, 또한 그들이 질문을 하도록 권하지 않으면 안 된다.**

[5] 시간

강연시간은 정해져 있으므로 그것을 가능한 한 잘 쓰지 않으면 안 된다. 연구의 주요점에 집중하고, 논문속에 포함시킬 수 있는 차례나 데이터의 **상세는 생략한다.** 프레젠테이션을 준비할 때는 충분히 연습하고, **주어진 강연시간 내에 마무리되도록** 시간조절을 한다. 그리고 마지막으로 **질문을 위한 충분한 시간을 반드시 남기도록** 할 필요가 있다.

[6] 매체

강연은 입으로만 아니고 몸 전체를 사용해서 한다는 것을 잊지 않기 바란다. 그러기 위하여 음성과 신체언어(몸짓) 양쪽에 주의를 기울이는 것이 필요하다. (3.2.5항 참조)

3. Information flow

- State main points early
- Provide clear signposts
- Use repetition

4. Communication pattern

- Encourage the active involvement of audience
- Welcome feedback

[7] 표현 방식

일반적으로 프레젠테이션은 **논문 만큼 엄밀한 형식을 취하지 않는다.** 거꾸로 지나치게 형식적인 스타일은 상호작용을 활발하게 하는 분위기를 만들기가 어렵다. 강연자는 저널리스트적인 표현도 받아들여 강연내용이 보도가치가 있고 또한 **들을 가치가 있다는 것을 청중이 납득하도록 해야 한다.**

[8] 품질관리

평가가 높은 학술지에 게재하기 위해서는 논문이 교열을 받아야 하고 그 과정에서 편집자와의 질의응답과 적지 않은 수정이 이루어진다. 한편 강연은 짧은 abstract와 응모서류만으로 간단히 수리된다. 그러므로 **프레젠테이션의 품질에 대한 책임은 강연자 자신에게 달려있다.**

3.2.2 "읽을 것인가, 읽지 말아야 할 것인가" 그것이 문제다.

필자는 평소 경험이 부족한 강연자는 논문을 쓰는 일과 프레젠테이션을 하

5. Time

- Use time efficiently
- Omit minor details
- Keep within the time limit

6 Medium

- Concentrate on delivery
- Use gestures, facial expression, etc.

7 Style

- Be friendly
- Make your presentation newsworthy

8 Quality control

- It's up to YOU!
- Prepare carefully

는 일 사이의 정보전달의 차이의 중요성을 이해하고 있지 않다고 느껴 왔다. 그들은 일단 연구가 완성되고 그것을 논문으로 작성하고 나면 큰 일이 끝났다고 생각하고, 회의에서는 소리를 내어 원고를 낭독하는 것으로 족하다고 생각하는 것 같다.

사실 영어권에서 조차도 그런 식으로 논문을 읽는 학회가 더러 있다. 예컨대 영문학 같은 인문학 분야에서는 소설이나 시 처럼 높은 가치가 있는 문장이나 학자가 사용하는 언어의 예술성의 해석과 평가에 중점을 둔다. 이와 같은 분야에서 강연자는 읽는 것 말고는 다른 선택지가 없다.

그러나 과학기술의 분야에서는 표현의 단순함과 명료함이 한결 더 중요하다. 따라서 말의 엄밀한 선택은 그다지 중요하지 않고 강연시에 논문을 읽을 필요도 없다.

연설의 원고를 낱말을 따라 읽고 싶어 하는 심정은 이해할 수 있고 또한 동정이 간다. 필자도 회의에서 일본어로 말할 때는 언제나 그래왔다. 그것은 일상생활에서는 일본어를 제법 잘 하지만 청중 앞에서는 일본어를 자유롭게 말할 능력에 자신이 없기 때문이다. 그리고 필자의 기억력은 아주 좋지 않아 자신의 연설을 외우지 못해 그 대신 읽지 않을 수 없는 것이다. 그렇게 하는 것이 일본에서는 영국에서 보다 더 흔하다고 납득하므로써 자신을 위로하지만 그럼에도 죄의식을 느끼고 있다.

그러나 과학기술의 국제회의에서 연구보고의 논문을 단어 하나 하나를 읽게 되면 아래와 같은 네가지 불리한 일이 있게 된다.

'To read, or not to read?'

That is the question

Four disadvantages of reading

1. Lack of knowledge
2. Lack of politeness
3. Lack of interaction
4. Lack of interest

○ 지식의 결여

원고를 읽기만 하면 강연자는 그가 해 온 연구에 관해서 충분히 알고 있지 않는가 하는 인상을 청중에게 준다. 발표하고 있는 연구는 강연자 자신이 한 것이 아니고 어쩌면 선배, 선생, 또는 동료가 한 것이 아닌가 생각되기도 한다.

○ 결례

청중은 이 논문이 특별히 이 회의를 위해 준비된 것이 아니고, 이미 인쇄되어 다른 데서 발표된 것이 아닌가라고 생각한다. 그 결과 그것을 듣기 위해 귀중한 (그리고 비싼) 회의의 시간을 낭비할 필요가 없다고 생각한다.

○ 상호작용의 결여

의견교환과 같은 상호작용을 행하는 분위기의 조성을 가로 막는다. 그것은 역동적이고 자극적이어야 할 이벤트를 정적이고 지루한 것으로 바꿔 놓는다. 원고를 읽게 되면 시선을 맞추고, 미소를 짓고 강조를 위해 손을 흔드는 따위의 몸짓을 현저히 줄이게 된다. 이것은 청중이 그 논의에 참가하고 있다는 느낌을 감퇴시키고, 나아가서 시선을 맞추지 않으면 강연에 대한 반응, 예컨대 발표를 이해하고 있는지 아닌지를 알 수 없게 한다.

○ 흥미의 결여

원고를 읽는 것은 발성을 부자연스럽고 단조롭게 만들어 프레젠테이션의 효과를 감소시킨다. 강연자는 베테랑의 배우가 되지 않으면 안 된다. 인토네이션은 말하는 낱말에 의미를 실어주며, 자연스러운 인토네이션이 없는 연설은 따분하게 들릴 뿐만 아니라 이해하기도 어렵다. 충분히 변화시킨 인토네이션으로 영어를 말하는데 서투른 일본 사람에게 이것은 특히 중요하다.

이상의 이유에서 연설을 적은 종이를 **읽지 말 것**을 권한다. 한편 같은 이유에서 연설을 **통째로 외우지 말 것**을 권한다. 이것은 읽어 내려가는 것과 마찬가지로 통째로 외우는 것도 느긋함, 유연성, 자연스러움, 상호작용 등을 감소시키기 때문이다.

그러나 부득이 연설 원고를 읽지 않으면 안 되겠다고 생각하면 아래의 세 가지 사항을 상기하기 바란다.

○ 격식을 차리지 않는다.

논문을 단순히 읽지만 말고, 연설 원고를 일상적인 회화체 영어로 고쳐 쓴다.

○ 자연스럽게

연설이 자연스럽게 그리고 명료하게 들리도록, 인토네이션, 리듬, 스피드에 주의하여 연습을 반복한다.

○ 청중을 바라본다.

프레젠테이션의 시간의 적어도 3/4은 청중을 바라보도록 한다. 눈이 원고에 가까이 가지 않도록 연설원고는 double space로 큰 글자로 적어 둔다. 원고의 적당한 곳에 [Look Up Now]를 적어 놓는 것도 좋을 것이다.

3.2.3 준비

국제회의 준비에는 회의 전에 해두어야 하는 것과 회의 후에 해야만 하는 것이 있다. 이하에서 몇 개의 착안점으로 나누어 이 두가지를 차례로 설명한다.

[1] 회의의 종류

우선 그것이 어떤 종류의 회의인가, 즉 큰 회의인가 작은 회의인가, 대상이 특정화되어 있는가 일반적인 것인가, 이론지향인가 실용지향인가, 순학술적인 것인가 상업적 발전을 고려한 것인가 등등을 분명히 하고, 그 것에 따라 준비계획을 세워야만 한다.

[2] 청중

좋은 프레젠테이션은 강연자가 무엇을 말하고자 하는가가 아니라 **청중이 무엇을 듣고 싶다고 생각하는가**에 초점을 맞추어야 한다. 그러므로 어떤 종류의 청중이 참가할 것 같은가, 그리고 청중이 당신의 연구의 어떤 점에 가장 많은 관심을 갖고 있는 가를 알아내야 한다. 또한 청중의 관심이 당연히 강연자에게 향해져 있다고 믿어서는 안 된다. 강연자는 청중이 강연자가 말하는 것을 듣고 싶다고 느끼게 하고, 또한 강연자가 그럴만한 인물이라는 것을 받아들이도록 해야 한다.

청중을 알기 위해 아래의 사항을 생각해 보는 것이 필요하다.

① 청중의 수

다수의 청중 속에 있는 사람은 소수의 청중 속에 있는 사람보다 주의를 집중하지 않는 경향이 있다. 그들은 잡담을 하거나 졸기도 한다. 이것은 흔한 현상이고 반드시 강연의 질이 나빠서가 아니다. 그러나 이것은 청중이 많을 때는 그들의 관심을 끌기 위해 더욱 더 열심히 해야 한다는 것을 뜻한다. 만일 참

To read or not to read? ***Conclusion***

- Try *not* to read your paper

  but...

- Do not memorize your paper, either

If you really must read ...

1. Be informal
   - Re – write your paper in informal English.
2. Be natural
   - Practice
   - Annotate your script
3. Make eye contact
   - Look at your audience for at least 3/4 of the time
   - Print out your script so that it is easy to read

Two kinds of preparation tasks

- Preparation *before* the conference
- Preparation *at* the conference

Preparation before the conference

1. Conference: what type am I going to?
2. Audience: what type of audience will I have?
3. Knowledge: what do I know and can I explain it?
4. Materials: how can I make them effective?
5. Practice: what should I do?

가자의 수가 예상보다 적을 때는 형식에 구애받지 않고 이야기 할 수 있으며, 청중과 더욱 긴밀한 의견교환을 기대할 수 있다.

ㅇ 청중의 구성

청중은 지극히 국제적인 구성일까 아니면 예컨대 주최국에서 온 단일 문화와 단일 언어를 하는 사람들로 구성되어 있을까. 만일 전자라면 조금은 마음 편하게 해도 된다. 왜냐하면 그와 같은 회의에서는 언어의 다양성에 대하여 한결 허용성이 있을 것이기 때문이다. 만일 후자라면 영어와 그 나라의 문화적 기준에 각별히 주의 해야만 한다.

1 Conference type

- Find out what kind of conference it is
- Adapt your presentation to the conference

2 Audience

- Identify the audience
- Adapt your presentation to the audience
- Make the audience *want* to listen to you

Four Questions about the Audience

1, Size
- People in large audiences pay less attention than in small audiences

2. Composition
- International or local, monolingual or multilingual?

3. Background knowledge
- Don' t overestimate their level of knowledge

4. Attitude
- Will they be friendly or critical?

○ 청중의 예비지식

프레젠테이션에서 자주 있는 실수는 청중의 예비지식을 과대평가하는 일이다. 강연자는 전문분야에 익숙하며 당연히 다른 사람들 보다 잘 알고 있지만, 청중은 그렇지 않다는 것을 유념해야 한다. 만일 청중이 많은 예비지식을 갖고 있다고 가정해서 말하게 되면 청중은 강연자의 사고의 흐름을 따라가지 못하는 위험성이 있다. 이 점을 점검하기 위해서 사전에 분야가 다른 동료에게 프레젠테이션을 들어보게 하고 어디가 알 수 없는지 feedback을 받으면 좋을 것이다.

○ 청중의 태도

강연자의 생각에 대해서 청중한테서 우호적인 반응을 기대할 수 있을까 아니면 비판적인 것일까. 만일 청중이 강연자의 생각에 동의하지 않으리라는 것이 예상된다면 연설을 주의 깊게 준비하여, 강연의 논거가 유효하고 설득력으로 넘쳐나도록 만드는 것이 좋을 것이다. 만일 호의적인 반응을 기대할 수 있으면, 논의의 상세에 너무 주의 할 필요는 없고, 그 대신 더욱 상호작용이 강한 협조적인 프레젠테이션을 목표로 할 수 있다.

[3] 지식

다른 사람들 앞에서 발표하기 전에 자신의 연구를 완전히 이해하고 있어야 한다는 것은 원칙적으로 말할 나위도 없다. 그러나 실제로는 허다한 이유에서 자기가 얻은 사실에 대해서 완전한 확신을 갖지 않은 채 프레젠테이션을 하지 않으면 안된다는 어려운 도전에 직면할 때가 있다. 회의에서 발표하지 않는다는 것도 하나의 선택이며, 그것은 시원찮은 프레젠테이션을 하는 것 보다는 훨씬 낫다. 그러나 만일 발표하는 것이 결정되었으면 다음 사항을 점검하면 좋겠다.

우선 첫 단계는 방법, 데이터, 해석에 대하여 점검하는 것이다. 이것을 행하는 한 방법은 그것이 자신의 작업이라는 것을 잊고, 비판적이며 회의적인 눈으로 자기의 전제, 논의, 해석, 결론을 살펴보는 것이다. 그리고 자신에게 다음과 같은 물음을 던진다. 그것이 정말 옳은 것인가, 나는 정말 그것을 알고 있는가, 그것이 생각할 수 있는 유일한 해석인가.

다음 단계는 발표하는 내용을 [언어]로 변환하는 것이다. 영국의 유명한 철학자 그라이스(H.P. Grice)는, [최대한으로 유효한 커뮤니케이션을 하기 위해 강연자는 다음과 같은 [격언](maxim)을 따르라]고 제안하고 있다.

Grice's Maxims

1. 연설에서는 상황이 요구하는 충분한 정보를 줄 것
2. 연설에서는 상황이 요구하는 이상의 정보를 주지 말 것
3. 연설은 틀린데가 없도록 힘쓸 것
4. 관련성이 있을 것
5. 명확할 것

그라이스는 일상회화에 관한 그의 연구와 연관해서 이상의 maxims를 발전시켰는데 이것은 프레젠테이션에도 적용될 수 있다. 최초의 두 maxims는 주어진 상황이 무엇을 요구하고 있는가를 고려하는 중요성을 말한다. 예컨대 프레젠테이션을 두고 말한다면 자기의 연구와 그 의의를 청중이 이해하는데 필요한 배경을 충분히 (그러나 필요 이상은 넘지 않게) 설명 해야 한다는 것을

3 Knowledge

- Be sure of your facts
- Check your arguments critically
  Be skeptical. Ask yourself questions like:
  is that really true?
  Do I really know that?
- Use clear language

Grice's Maxims

1. Make your speech as informative as required by the situation
2. Do not make your speech more informative than is required by the situation
3. Try to make your speech true
4. Be relevant
5. Be clear

의미한다. 세 번째 maxim은 실제로는 두 개의 sub-maxim을 안고 있다. 첫째는 틀렸을 가능성이 있는 것은 말하지 않는다. 둘째는 충분한 증거가 없는 것은 말하지 않는다는 것이다. 과학기술의 커뮤니케이션에서 이 sub-maxim의 중요성은 명백하다. 네 번째의 maxim은 본 줄거리에 벗어나지 않도록 경고한다. 다섯 번째의 maxim은 네 개의 sub-maxims를 안고 있다. 첫째는 모호하고 불명료한(obscure) 표현을 하지 않을 것, 둘째, 어느 쪽으로도 통할 수 있는 애매한 (ambiguous) 표현을 하지 말 것. 셋째(장황을 피하고) 간결히 표현할 것. 넷째, 논리적 순서에 따라서 말할 것.

[4] 교재

이에 관해서는 뒤의 3.2.4 항과 3.2.6 항에서 자세히 말할 것이므로 여기서는 교재를 준비하는 데 있어 영국에서 **[Murphy' s Law]**로 알려져 있는 것을 이야기 하는 것으로 그친다. 이 법칙은 아래와 같이 말하고 있다.

[If something *can* go wrong, it *will* go wrong.]

[실패할 가능성이 있는 것은 실패한다.]

종종 일어나지나 않을까 걱정되는 것은, 제발 일어나지 않았으면 싶을 때 반드시 일어나는 법이다. 따라서 OHP(overhead projector 두상 투영기)나 video의 고장등의 긴급사태에 대한 대책을 준비해 두어야 한다.

4 Materials

- Arrange your materials for maximum impact
- Create effective visual aids and handouts
- Make a back-up plan, because ...

Murphy' s Law

If something ***can*** go wrong,

it ***will*** go wrong

[5] 연습

실제로 강연하기 전에 연습하는 이점이 대단히 많으므로 연습할 것을 강하게 권한다. 유감스럽지만 필자를 포함하여 회의에 출발하기 직전까지 준비를 하느라고 연습할 시간을 전혀 갖지 않는 버릇이 있는 사람을 여럿 알고 있다. 이것은 고쳐야 한다.

연습을 하므로써 다음과 같은 것을 포함하여 프레젠테이션의 많은 부분이 개선된다. 예컨대

① 강연자의 주제에 대한 이해
② 프레젠테이션의 구성
③ 영어를 말하는 능력
④ 신체 언어

5 Practice

- Check verbal and non–verbal communication
- Make sure people can follow your arguments
- Dont' t exceed the time limit, allow time for questions

Three Stages of Practice

1. Practice **on your own**
2. Practice giving your presentation to your **Japanese colleagues**
3. Practice giving your presentation to **an English native–speaker**

*1. Practice **on your own***

- Rehearse 'out loud' not just in 'in your head'
- Imagine yourself speaking at the conference
- Slow down: about 90 to 100 words per minute
- Check your presentation fits the available time

*1. Practice **on your own** (cont.)*

- Re–phrase anything that is difficult to say
- Practice your body language
- Practice using projectors and laser pointers
- Make a video – and tape –recording of your performance

⑤ 기기의 사용법
⑥ 프레젠테이션의 시간 배분
⑦ 청중의 질문에 대한 응답
⑧ 강연자의 자신의 정도
⑨ 프레젠테이션의 효과, 곧 어떻게 하면 청중에게 인상을 남길 것인가, 이상적인 준비는 다음의 3단계를 거쳐야 한다.

① 자기 혼자서 하는 연습

머리 속에서 말하는 것이 아니고 실제의 회의를 상상하면서 큰 소리를 내어 rehearsal을 하며 다음의 사항을 check 한다. 먼저 말이 너무 빠르지 않는지를 check 한다. 이것은 신경질적인 사람들이 공통으로 안고 있는 문제이다. 다음에는 프레젠테이션이 마지막 질문의 시간을 포함하여 주어진 시간내에 마무리 되는지 확인한다. 또한 말할 때의 자세나 몸놀림이나 손짓등의 몸짓을 연습한다. 이 때 OHP나 레이저 포인트(laser point)등 실제로 이용하는 기기를 사용한다. 정신을 산만하게 하는 말이나 몸 놀림, 예컨대 일본어의 [저...]나 [어...]에 해당하는 영어의 잡음 [um], [er]를 발성하지는 않는지, 코를 문지르거나, 호주머니에 손을 넣고 있지 않는지도 주의한다.

② 일본인 동료 앞에서 하는 연습

이 연습을 하면 특히 기술적인 내용에 관해서 프레젠테이션의 알아듣기 어려운 점을 지적 받을 수 있다. 이 때 OHP나 슬라이드가 명료하게 보이는지도 확인한다. 슬라이드를 보여주는 타이밍에 유의하고 청중이 그것을 읽고 적는 시간을 마련한다.

③ 네이티브 스피커 앞에서 하는 연습

이것을 하게 되면, 영어의 능력 전반, 특히 스타일과 인토네이션, 단어의 강조 방식이 적절한지 아닌지에 대한 비평을 들을 수 있다. 네이티브 스피커는 전문적인 부분에 대해서는 그다지 알고 있지 않을지 모르지만, 서론과 결론을 어떻게 개선할 것인가에 대해서는 어떤식으로 든 advice를 할 수 있을 것이다.

[6] 회의장

회의의 개최기간의 이른 시기에 강연장을 미리 봐두어야 한다. 그리고 장내를 돌아다녀 보고 그 크기에 익숙해 둔다. 나아가 그 방에서 다른 강연자의 프레젠테이션이 행해지고 있을 때 봐두면 음향등 그 방의 다른 특성을 파악할 수 있다.

프레젠테이션 당일에는 장치의 준비를 위해 충분한 시간을 갖도록 일찍 회의장에 도착한다. 일찍 나가면 청중이 들어올 때 인사를 나누고, 시간이 넉넉하면 최초의 몇 사람을 환하게 맞이하고 편안한 마음으로 환담을 나누는 것이 좋다. 그렇게 하면 강연시의 긴장을 푸는데 도움이 될 것이다. 많은 회의에서는 session마다 지정된 좌장(chairperson)이 있다. 좌장의 역할은 session이 순조로이 진행되고 시간대로 확실히 끝나도록 하는 것이다. 누가 좌장인지를 확인하고 이른 시기에 그와 이야기를 해보자. 만일 좌장과 우호적 관계를 이룰 수 있으면 긴장을 줄이는데 도움이 된다.

[7] 긴장을 푼다.

이상의 준비가 다 되었을 때 한가지 남은 일은 긴장을 푸는 일이다. 이것은

2. Practice giving your presentation to your ***Japanese colleagues***

- Get feedback about ...
  - the technical content of your presentation
- Practice asking and answering questions in English

3. Practice giving your presentation to an ***English native – speaker***

- Get feedback about ...
  - your general English ability
- Get advice about ...
  - the introduction and conclusion of your presentation
  - adding some humour to your presentation

[말은 쉬워도 하기는 어렵다.(It is easier said than done)]가 되겠지만, 좋은 프레젠테이션을 위해서는 긴장를 풀어야 한다. 이 화제는 일반적으로 회의에서 성공하는 일과 관련되어 있으므로 뒤의 3.3.1에서 다시 설명한다.

3.2.4 프레젠테이션의 구성

프레젠테이션에서 정보를 배열하는데는 여러 가지 방법이 있다. 일본의 연설과 서구의 연설에는 다음과 같은 차이가 있다고들 한다. 일본어의 연설의 시작은 그 내용의 주안점에서 아주 멀리 떨어져 있고, 그 주안점은 끝에 가서 밝혀진다. 한편 영어의 연설에서는 주안점이 맨먼저 나오고 그리고 나서 그것을 보강하는 설명이 이루어진다. 실제로는 이 보다 훨씬 복잡할 것이지만 이것은 중요한 차이점을 지적하고 있다.

저마다의 학문분야에는 좋은 프레젠테이션을 하기 위한 어느 정도 확립된 관례가 있다. 한편 프레젠테이션은 한번뿐이고 그점에서 강연자의 개성과 창조성이 필요하다는 것을 잊어서는 안 된다. 그러나 그럼에도 불구하고 모든 학문분야에 공통되는 최소한의 기본적 합의사항이 있다. 반드시 그것을 따르지 않으면 안된다고 하는 것은 아니지만, 그것이 가치 있는 방식이라는 것은 지금까지 수많은 강연자들이 이용해 왔다는 사실이 보여준다. 그래서 만일 그것이 자기의 분야와 강연제목의 특징에 비추어 보아 적합하다고 생각되면 꼭 사용하기 바란다.

우선 프레젠테이션에는 프레젠테이션 전체의 macro **구조**와 개개의 문(文)

Preparation at the conference

6. **Venue**
   Where will I give my presentation?

7. **Stress**
   How can I relax?

6. Venue

- Become familiar with the space (and the people in it)
- Check and double – check the facilities

의 micro **구조**가 있으며, 그것들은 별개이기는 하나 내부적으로는 연결되어 있다는 것을 인식하는 것에서 시작하자.

[1] 매크로 구조

프레젠테이션은 이야기 형식을 취한다. 좋은 프레젠테이션은 이솝우화 (Aescp' s Fables)를 닮았으며, [시작]과 [중간] 과 [끝]으로 구성되어 있다.

[시작]에서는 이야기의 장면이 설정되고, 등장인물의 기술이 나오고, [중간] 부분의 화두를 이루는 문제점이 소개된다. [중간] 부분에서는 등장인물이 그 문제를 어떻게 다루었는가를 하나하나 자세히 이야기 한다. 그리고 [끝]에서는 등장인물이 다루었던 문제의 결과를 보여준다.

이와 마찬가지로 프레젠테이션도 3부로 구성된다. 제 1부는 [**서론 (Introduction)**]으로 지금까지의 연구의 경과와 지금의 문제는 무엇인가를 설명 한다. 동시에 왜 이 문제를 연구하기로 결정했는가를 말한다. 둘째 부분은 [**본문 (Main Body)**]이며 강연자가 사용한 방법과 그 결과를 보여 준다. 그리고 마지막은 [**결론 (Conclusion)**]이며, 강연자가 발견한 것을 정리하여 그 의의를 평가한다.

그러나 이 전체구조에 있어서도 프레젠테이션과 논문간에 중요한 차이가 있다는 것을 깨달을 필요가 있다. 첫째 프레젠테이션은, 최후의 최후까지 진범을 밝히지 않는 것이 작가의 솜씨인 살인추리소설과는 다르다. 이 점에서

Structuring your presentation

- Communicate your information in a clear, logical and orthodox way
- Main points come at the beginning of presentation
- Reminder of presentation provides support for main points

Two levels of structure

- **Macro**structure
  - Structure of the presentation as a whole
- **Micro**structure
  - Structure of the individual sentences

보면 프레젠테이션은 신문기사에 가깝다고 할 수 있다. 신문기사는 되도록 빨리 주요정보를 준다. 처음에는 표제(Headline)를 통해서 알리고 그 다음 제 1절에서 좀 더 자세한 것을 전한다. 이 제 1절에서 저널리즘의 관례에 따라 [누가(who), 무엇을(what), 언제(when), 어디서(where), 어떻게(how), 그리고 왜(why)]에 대한 대답을 찾아 볼 수 있어야만 한다.

만일 독자가 시간이 없을 때는 더 상세한 정보를 추가하는데 불과한 나머지 부분은 읽을 필요가 없다. 마찬가지로 프레젠테이션도 연구결과에 대해서 청중을 엉거주춤한 상태에 놔두어서는 안 된다. 말하기 시작한 직후에 이야기가 어떻게 끝난다는 것을 말해주어야 한다. 그리고 나머지 부분에서 상세히 말하는 동시에 결과를 어떤 식으로 얻었는가를 보여 준다. 그리고 프레젠테이션의 끝에서 청중이 이야기의 주요 대목을 생각해 내도록 한다.

이상의 사항에서 알 수 있듯이 청중이 논의를 따라가는 과정에서 어느 정도

[1] ***Macro**structure*

- A presentation is a *story* with three parts
  - **Beginning**
  - **Middle**
  - **End**

One big difference between a presentation and a story

A presentation is *not* like a murder mystery story

SO

Don't save the best part till the end!

Beginning: ***Introduction***

- Introduce the topic of your presentation
- Put your work in the context of previous work
- Explain what the problem is and why you decided to study this problem

Middle: ***Main body***

- Describe your methods and results

End : ***Conclusion***

- Summarize your findings
- Evaluate the significance of your work

의 **정보의 중복**(redundancy)은 중요하다. 이미 짐작했을지 모르지만 상술한 설명은 프레젠테이션의 매크로 구조로서 가장 유명한 [Tell Them Three Times Approach]로 불리는 방법에 의거한다. 이것은 아래 사항을 의미한다. 즉

① 프레젠테이션의 모두에서, 지금부터 청중에게 무엇을 말한다는 것을 알리고 (Tell them what you are going to tell them)

② 다음에는 본론에서 그것을 말하고 (Tell them)

③ 끝으로 무엇을 방금 말했는가를 알린다. (Tell them what you have just told them)

아래의 도형에서 매크로 구조의 각 부분에 대해서 설명한다.

Repetition, repetition, repetition

- Use repetition to help your audience...
  - Follow your argument
  - understand your message
  - remember your conclusions

"Tell Them Three Times"

- Introduction
  - Tell the audience what your are about to tell them
- Main body
  - *Tell them it*
- Conclusion
  - Tell them what your have just told them

1. Title

- This is the only thing most people ever read
  - Make it eye-catching
  - Make it informative

2. Introduction

'Tell them what you are about to tell them'

- The introduction should include the following four elements
  - Background
  - Motivation
  - Overview
  - Roadmap

(1) 강연제목

제목은 바쁜 참가자가 프로그램 가운데서 맨 먼저 보는 것이므로 화제를 간결하고 정확하게 축약함으로써 한눈에 그들의 흥미를 끌 수 있도록 작성해야 한다. 따라서 프레젠테이션의 제목은 논문의 제목 보다도 더 흥미를 끌 수 있도록 만들 필요가 있다.

(2) 서론 : [Tell them what you are going to tell them.]

여기서는 다음의 네 가지 일을 이야기 한다.

o 배경

과거의 관련된 연구와 자신의 연구와의 경계를 보여 주면서 역사적으로 개관한다. 쓸 수 있는 시간 안에서 어느 정도의 양을 설명하는가는 강연자의 판단에 달렸지만, 발표에 익숙치 않은 연구자는 이것이 부족한 경향이 있다.

o 동기

왜 이 연구를 할 가치가 있는가. 도달목표는 어딘가 등 연구를 하게 된 동기를 설명한다.

o 개요

상술한 것처럼, 이른 시기에 연구의 개요를 청중에게 알린다.

o 도로지도

프레젠테이션의 나머지 부분이 어떻게 구성되었는가에 대해서 말한다.

3. Main body: 'Tell Them'

- Explain how you did the work
- Describe what you found out

***Guide** your audience through*
the main body of your presentation

- Keep focused on your main theme
- Don' t forget that you are telling a *story*
- Use 'signal words'
- Remind your audience of where they are
- Demarcate each section clearly

(3) 본체 : [Tell them.]

여기서의 전달의 순서는 강연하는 분야의 관례와 강연자의 주제에 크게 의존한다. 그러나 일반적으로 다음의 Pattern으로 배열할 필요가 있다.

① 어떤 식으로 연구를 했는가

② 무엇을 발견했는가

③ 결과의 중요성은 무엇인가

논의가 복잡한 단계에 들어서 설명이 어려워질수록 청중이 이야기 하는 내용을 따라오고 있는지 확인할 필요가 있다. 또한 강연자는 Story를 말하고 있는 것이지 사실을 늘어놓고 있지 않다는 것에 유념해야 한다. 지금 Story가 어디쯤에 와있는지를 청중이 생각해 내도록 자주 Outline을 참조하게 한다. 각 절의 구분을 명확하게 하고 나아가서는 그것이 지금 까지 이야기 된 어느 부분과 연결되어 있는지도 확실히 밝힌다. 한 절이 끝나고 새 절이 시작되는 것을 알리기 위해 하던 말을 멈춘다.(침묵을 두려워하지 않는다.) 이 휴지는 청중이 메모를 하고, 생각하고, 나아가서는 강연자의 사고의 흐름에 뒤떨어지지 않기 위한 시간을 준다. 또한 청중을 인도하는 도움이 되도록, [첫째], [둘째], [다음에는], [그로부터], [왜냐하면], [따라서], [그 결과], [마무리하자면] 등 신호가 될 만한 말들을 쓰도록 한다.

전체의 주제에 명료하게 초점을 맞추고 주요점과 말초적인 점을 구별하도록 힘쓴다. 그리고 본론에서 벗어나 세세한 일에 관해서 말하는 것은 시간 낭비가 되므로 피한다.

(4) 결 론 : [Tell them what you have just told them.]

이 항에서는 보다 폭넓은 흐름 속에서 자신의 연구의 중요성을 자리매김하기 위하여 다시 한번 프레젠테이션의 시야를 넓혀서, 시작했던 때의 단계로 돌아간다. 이 항을, [그래서 어쨌다는 건가(So what?)]라는 질문에 대답하는데 쓸 수 있다. 경험이 부족한 강연자의 다수는 여기서 실패하고, 프레젠테이션은 보잘것 없는 결과와 애매한 결론의 혼란 속에서 어이없이 끝나거나, 예기치 않은 식으로 갑자기 끝나 청중을 놀라게 하고, 당혹하게 만들 때가 있다. 일반적으로 프레젠테이션의 시작과 끝은 (특히 끝은) 청중이 가장 많이 기억하는 부분이며 따라서 청중이 강연자와 그의 연구 양쪽에 대해서 좋은 인상을 갖고 돌아가도록 될 수 있는 한 끝 마무리를 효과적으로 해야 한다.

결론은 미해결의 문제나 강연자의 연구에 의하여 새로 던져진 문제를 확인하는 자리이기도 하다. 따라서 결론은 농축해서 2, 3개의 명료한 문으로 정리하면 좋다. 이러한 문은, [Take−home message]라고 불린다.

맨 나중에는 청중에게 감사의 뜻을 표하고, 질문을 해줄 것을 청하든가 좌장이 그렇게 해주기를 기다린다.

[2] 마이크로 구조

다음은 프레젠테이션의 마이크로 구조로 넘어가 보자. 이 마이크로 구조를 생각할 때 주의해야 할 것이 몇 가지 있다. 첫째 능력에 부치는 영어를 쓰지 않도록 하자. 영어교사로서의 다년간의 경험을 통해서 필자의 신념이 된 것인데, 개념적으로 대단히 어려운 화제라도 제법 작은 범위의 어휘와 문법을 가지고 말할 수 있다. 많은 일본 사람들은 영어의 능력 부족에 대해서 지극히 애매한 어휘와 좀처럼 쓰지 않는 문법을 고집스레 기억하는 것이 그 해결법인 줄 생각하고 있는 듯 하다. 이것은 큰 잘못이다. 대다수의 일본 사람들에게 필요한 것은 더 많은 어휘가 아니고 이미 갖고 있는 (적당한 크기의) 지식의 비

4. Conclusion
"Tell them what you have just told them"
The ending of a presentation is the part that audiences remember most

4. Conclusion (cont.)
"Tell them what you have just told them"
● Remind the audience of your main questions ● Review the answers that you obtained ● Evaluate the significance of your results ● Summarize your presentation in one simple '**Take – home Message**'

축을 사용한 더 많은 연습과 자신감이다. 이것을 컴퓨터에 비긴다면, 어휘와 문법 지식은 하드디스크에 저장된 데이터와 비슷하고, 막힘없는 말씨는 CPU (Central Processing Unit)의 power와 speed와 비슷하다. 많은 일본 사람들이 자신의 영어를 향상하는데 필요한 것은 용량이 더 큰 하드디스크가 아니고 더 빠른 CPU이다. 통상의 능력의 수준을 넘는 어휘와 문법을 써보겠다는 것은, 그것을 움직이는 데는 너무 느린 CPU를 탑재한 컴퓨터로 하나의 소프트웨어를 써보려는 것과 같다. 그 결과로 컴퓨터는 번번히 crash하고, 자기가 말하는 영어는 침묵으로 바뀐다.

일본인 저자들이 쓴 [영어로 하는 프레젠테이션 방법]에 관한 수많은 책에는 국제회의에서 사용하는 이른바 [적절한] 영어 표현이 끝이 없이 많이 실려 있다. 이미 짐작했을지 모르지만, 앞에서 적은바와 같은 이유에서 필자는 본장에서 일부러 그런 방법을 답습하지 않았다. 만일 정말로 [Can I have the lights on now, please?] 따위를 말하기 위한 101† 가지의 상이한 표현을 배우고 싶으면, 그것을 알려주는 책이 수많이 출간되어 있으므로 그것을 읽어주기 바란다. 그러나 대다수 사람들에게는 귀중한 시간을 청중앞에서 편하게 말하는 연습에 쓰는 것이 한결 낫다고 필자는 생각한다.

요컨대 당신이 갖고 있는 영어의 수준이 어느 정도가 되던 (지식을 늘리는

*[2] **Micro**structure*

The LANGUAGE of your presentation

- Aim to maximally impress the audience with minimally simple language
- Avoid using English that is beyond your ability

*A bigger **Hard – Disk** or a faster **CPU**?*

- Most Japanese people do not need more English vocabulary and grammar *knowledge*
- They need more confidence and *practice* at using the knowledge that they already possess

† 영어에서 101이라는 숫자는 「많이」를 뜻한다. 일본어의 「우소핫빠쿠」「ウソ八百」), 한시의 「백발 3천장」(白髮三千丈」과 비슷하다.

것이 아니고) 그것을 사용하여 우선 실천하는 것이다.

당신의 생각을 보다 단순한 방법으로 표현하는 도우미로 영어를 공부하는 사람들을 위해 만들어진 영영사전의 이용을 권한다. 필자는 특히 [Longman Dictionary of Contemporary English]에 감명을 받고 있다. 이 사전은 일상에서 사용되고 있는 방대한 수의 영어단어를 전산화해서 사용빈도에 따라 추출한 약 50,000단어를 담고 있다. 이것은 사전편찬자만이 흥미를 느끼는 어려운 단어에 초점을 맞춘 전통적 사전에 비하여 이 사전은 실생활에서 사용되는 부류의 영어를 담고 있다는 뜻이다. 더우기 [Longman] 안의 모든 단어는 그 대부분이 영어교육을 받은 사람들에게 낯익은 불과 2000단어의 기본어휘로 명료하게 설명되어 있다.

다음 문제는 문법이다. 프레젠테이션의 효과를 개선하기 위해서는 아주 복잡한 문으로 말하지 말아야 한다. 또 이차적인 구의 사용은 되도록 피하는 것이 좋다. 프레젠테이션은 언어가 지나치게 간단하다는 것 보다는 문구조가 복잡해서 훨씬 실패하기 쉽다. 또 논문을 쓸 때에 비해서 수동태(passive voice)는 될 수 있는 한 쓰지 않도록 한다. 일반적으로는 능동태의 문을 써서 말하는 것이 더 낫다. 예컨대

● This experimental set-up was built by us.

라고 말하는 것 보다는

Simplify your grammar

- Speak in shorter sentences
  - no more than 20 words per sentence
- Include only one main idea per sentence
- Use active verbs not passive ones
- Use concrete expressions
- Speak in informal, conversational English

● We built this experimental set-up.

라는 표현을 쓴다. 경험적으로 틀리지 않는 수법인데 하나의 문에 20 words 이상 쓰지 않도록 한다. 이것은 native speaker가 아닌 사람뿐만 아니라, 공석상에서 연설하는 모든 사람들에 대한 공통의 advice 이다.

끝으로 학술적인 윤리상의 문제인데 [사실]과 [추측] 또는 [자신의 생각]과 [남들의 생각]을 혼동하지 않도록 문의 구조와 표현에 주의해야만 한다.

3.2.5 프레젠테이션을 연기한다.

프레젠테이션이 일종의 이야기(story)라면 강연자는 이야기꾼(storyteller)이다. 배우(actor)라고 하는 것이 더 잘 들어 맞을지 모른다. 이 항에서는 프레젠테이션의 [연기]로서의 측면을 기술한다.

본제에 들어가기 전에 다음의 질문을 하고 싶다. [프레젠테이션은, 실제로는 언제 시작합니까.] 이 질문에 대해서 그것은 강연장에 들어서는 순간에 시작한다고 필자는 생각한다. 이것은 일단 강연장에 들어갔으면 강연자는 **무대 위에 있다**고 생각해야 한다는 것을 뜻한다. 또한 강연자가 맡아하는 배역은 물론 강연자 자신이지만, 전날 밤에 호텔의 침대에서 떨고 있는 신경질이고 (말을 할 줄 모르는 자기]가 아니고, 완전히 준비를 마치고, 충분한 지식을 갖추고 느긋하고, 지금부터 회의에서 흥미진진한 최고의 강연을 하려는 [자신이 넘치는 자

Story-teller or Actor?

Presentation = story
Presenter = story-teller

OR

Presentation = performance
Presenter = **actor**

Two aspects of performance

● **Verbal** communication

● **Non-verbal** communication

기이다. 따라서 청중이 들어서면 밝고 자신이 넘치는 인사를 하고, 그 가운데 몇 사람과는 친구가 되어 즐겁게 회화를 나누도록 힘써 주기 바란다.

매우 특별한 청중의 한 사람으로서 좌장이 있다. 이상적으로는 강연 훨씬 전에 좌장과 접촉을 가지면 한결 좋겠지만, 그것이 안되었을 때는 프레젠테이션 직전에 좌장과 몇 분 동안 이야기를 해본다. 그 때 좌장은 기기등이 잘 준비되어 있는가, 질의응답의 진행에 대한 요망사항이 있는가를 물어 볼 것이다. 만일 강연이 긴 session의 몇 개 강연중의 하나라면 다른 강연자 하고도 말을 나누자. 그들은 자기 처럼 신경질이 될 가능성이 크며, 서로가 돕는 관계가 될지도 모른다.

다음에는 프레젠테이션의 연기로서의 측면을 두 부분, 즉 말로하는 전달(verbal communication)과 언어 이외의 수단에 의한 전달 (non-verbal communication)로 나누어 다룬다.

[1] 말로 하는 전달

누구에게 말을 할 때 우리는 두 가지 방법, 즉 하나는 **상대방이 생각을 하게끔** 해서, 또 하나는 상대방이 **느끼게끔** 해서 상대에게 영향을 미친다. 바꾸어 말해서 우리가 하는 말은 **[정보]**를 줄 수 있고, 동시에 **[감각]**을 줄 수도 있다. 이것은 간단히 말하자면 **무엇(what)**을 우리들이 말하고, **어떤 식(how)**으로 우리들이 말하는가에 상응한다. 프레젠테이션을 한다고 하면 학자들은 주로 전

*[1] **Verbal** communication*

A successful presentation depends on two factors:

What you say
the *content* of your speech

How you say it
your *way* of speaking

Six aspects of verbal communication

1. Articulation
2. Volume
3. Speed
4. Intonation
5. False-friends
6. Homophones

자, 즉 내용(정보)의 측면을 생각하는 경향이 있다. 그러나 본 절에서 후자의 측면도 중요하다는 것을 밝힌다. 이 관점에 서서 여기서는 특히 영어로 프레젠테이션을 할 때 입에서 나오는 소리와 관련된 문제에 초점을 맞추겠다.

(1) 발 음

음성의 특징에 관한 첫 번째 문제로서 발음에 대하여 말하겠다. 일본 사람은 영어의 몇 개음을 발음 하는데 문제가 있다. 이 문제의 기본적인 원인의 하나는 일본어와 영어의 모음의 수가 다르다는 것이다. 일본어에는 모음이 다섯(a, i, u, e, o) 뿐 이지만 영어에는 적어도 26개가 있다. 이것은 표3.1에서 처럼 어떤 단어의 짝을 발음할 때 문제를 낳는다.

표 3.1 모음의 짝

vowel pair		
bat	vs.	but
it	vs.	eat
pull	vs.	pool
well	vs.	will
work	vs.	walk

표 3.2 자음의 짝

consonant pair			example		
R	vs.	L	rice	vs.	lice
B	vs.	V	bowel	vs.	vowel
F	vs.	H	foist	vs.	hoist
S	vs.	Th	sink	vs.	think
S	vs.	Sh	city	vs.	shitty
Th	vs.	Z	the	vs.	tzar
J	vs.	Z	jest	vs.	zest

또한 영어와 일본어의 몇 개 상이한 자음이 일으키는 문제도 있다. 예컨대 일본 사람은 표 3.2와 같은 한 쌍의 음을 명확히 분간하기가 어렵다. 이러한 한 쌍의 음 가운데 어떤 발음이 어려운지 찾아 보기 바란다. 앞에서 이른바 이상적인 [표준어]를 따라 발음하느라고 고민할 필요가 없다고 말했는데, 만일 어떤 연설을 할 때 이런 쌍의 음을 구별해서 발음하지 못하여 당신의 프레젠테이션이 이해되지 않았다면 연습을 해서 그 구별을 터득해야 한다. 네이티브

Consonant pair

스피커라면 발음불량이 당신의 말을 이해하는데 심각한 장애가 되는지 아닌지를 가르쳐 줄 수 있을 것이다. 프레젠테이션을 하는 동안에 단어의 발음에 특별한 주의를 기울여야 한다. 그러한 단어를 처음 쓸 때는 청중이 당신의 말을 들을 뿐만 아니라 읽을 수 있도록 슬라이드에 그것을 표시하는 것이 효과적이다. 만일 이러한 단어들의 어느 것이 프레젠테이션 중에 되풀이 나오고 그 발음이 어려울 것 같으면 의미가 바뀌지 않는 범위 안에서 발음하기 쉬운 다른 단어를 쓰는 것도 생각해 볼만 하다.

(2) 음 량

필자의 수업 시에 학생들은 여러 가지 이유, 예컨대 부끄러워서, 자신이 없어서, 큰 소리가 예의에 어긋난다고 깊이 생각해서 영어를 말할 때 어딘지 작은 소리로 말하는 경향이 있다. (수업시간 사이의 휴식 시간에는 일본 사람들끼리 큰 소리로 말하면서도), 프레젠테이션이 충분히 준비되고, 내용도 재미

Thirteen or Thirty?

- Be careful with numbers like these
- Say 'One-three' or 'Three-Zero'

Articulation problems
– how to deal with them

- Identify your weak points
- Practice to improve them

있고 발음도 깨끗한데도 청중이 알아 들을 수 없어 강연자의 메시지가 전달되지 않는다면 그것은 매우 유감스러운 일이다. 그 뿐만 아니라 만일 강연자가 청중을 다소 무시하는 듯이 먼 데서 가냘프게 중얼거린다면 청중은 몹시 짜증이 난다. 따라서 강연장의 뒤쪽에서도 잘 들릴 정도로 소리가 큰지를 check 해야 한다. 목구멍이 아니고 배의 횡경막의 근육을 사용하여 배에서 소리가 나오도록 한다. 똑바로 서서 청중을 보고 머리를 든다. 당신의 목소리를 크게 낼 수 없을 때는 마이크를 써야 한다.

(3) 빠르기

이해를 가로막는 세 번째 문제는 빠르게 말하는 것이다. 이것은 청중 앞에서 말을 하면 신경질이 되는 사람들에게 공통된 문제이므로 조심해야 한다. 말을 빨리하는 것은 세 가지의 큰 결점이 있다. 첫째 단어를 깨끗하게 발음하는 능력을 떨어뜨린다. 둘째 어려운 단어를 발음할 때는 혀가 돌아가지 않는다. 셋째 음조가 빠르면 청중이 알아듣기가 어려워진다. 따라서 1분간에 90 words 정도의 느긋한 speed로 말하는 연습을 하기 바란다. 이상적으로는 프레젠테이션에서는 보통의 일상회화 보다 빠르게 말해서는 안 된다. 절과 절 사이에 휴지(pause)를 넣으면서 천천히 말하면 좋은 프레젠테이션이 될 것이다. 사람들은 청중 앞에서 말을 할 때 침묵을 두려워하고 모든 순간을 소리로 채우려고 한다. 그러나 휴지를 잘 이용하면 한 부분에서 다른 부분으로 넘어간다는 사인이 되고 또한 청중에게는 방금 말한 것을 흡수하는 기회를 주게 된다.

3. Speed

- Many inexperienced and nervous presenters speak too QUICKLY

Speed problems
– how to deal with them

SLOW DOWN !

(4) 인토네이션

음에 관한 네 가지 문제 가운데 일본인 강연자에게 가장 심각한 것은 아마도 인토네이션일 것이다. 여기에는 몇 가지 이유가 있다. 한가지 기본적 이유는 음질을 바꿔 강조하는 방식이 구어 일본어와 구어 영어 사이에 근본적인 차이가 있다는 것이다. 영어는 [**강세 액센트**(stress-accented)]로 알려져 있는 언어의 한 예다. 즉 강조는 문에서 큰 소리와 작은 소리의 대비 패턴으로 표시된다. 이것은 문의 리듬을 만든다. 한편 일본어는 [**고저(억양) 액센트**(pitch-accented)]의 언어의 예다. 예컨대 일본어의 [하시(젓가락)]는 소리가 위에서 아래로 변동하고, [하시(다리)]는 아래서 위로 변동해서 둘이 구별된다. 이것은 문의 가락(멜로디)을 만든다. 그 결과 일본 사람이 영어를 할 때는 강조 액센트를 잊어버리기 때문에 그것을 듣고 있는 영어의 native speaker에게는 단조롭고 지루하게 들린다. 문의 의미를 전달하기 위한 영어의 인토네이션의 중요성을 보기 위해 다음의 문을 생각해 보자.

• This engine costs about five million yen.

이 문의 기본적인 문법상의 의미(denotation)는 변함 없지만 뉘앙스 즉 언어의 의미(connotation)는 문의 어떤 것을 강조하는 가에 따라서 변화한다. 실제로 표 3.3이 나타내고 있듯이 개개의 단어를 강조하는데 따라 색다른 뉘앙스가 생긴다.

4. Intonation

- Intonation is the most serious voice problem for Japanese speakers
- English is a 'stress-accented' language (loud vs. soft)
- Japanese is a 'pitch-accented' language (high vs. low)

표 3.3 강조에 의한 뉘앙스의 차이

word	nuance
this	This engine, not that one over there
engine	The engine, not another part of the machine
costs	But renting the engine is much cheaper
about	I don't know the exact price
five	Not four, not six
million	Not five thousand, not five billion
yen	Not pounds, not euros

인토네이션이 일본인에게 왜 문제가 되는가 하는 또 하나의 이유는 그것이 일본의 교과서 안에서 거의 다루어져 있지 않기 때문이다. 인토네이션은 써서 설명하기가 매우 어렵고, 따라서 가르치기 어렵다. 그러나 말을 할 때 자연스런 리듬이 없으면, 영어를 이해하는데 영향을 미치고 적어도 청중에게 주는 인상에 적지 않은 영향을 미친다. 기술적인 의미를 고려할 때 음조의 변화가 없으면 청중은 무엇이 중요한지, 또한 강연자가 무엇을 강조하고 싶은지 이해할 수 없게 된다. 예컨대 앞의 예문에서 처럼 7개 부분의 어떤 것을 강조하고 싶은 지 알 수 없다. 프레젠테이션에 성공하기 위해서는 말소리에 열정이 넘치게 하고 바른 뉘앙스를 전하도록 해야 한다.

Japanese–English intonation problem

Problems of flat intonation

- ***What*** you say
  - Flat intonation is difficult to understand
- ***How*** you say it
  - Flat intonation sounds dull and boring

Intonation problems
–how to deal with them

- Identify your weak points
- Practice to improve them

(5) 위동족어(僞同族語)

일본인 강연자의 음성의 질에 영향을 미치는 문제로서 영어 또는 다른 외국어에서 일본어에 들어 왔으면서 그 과정에서 의미, 발음, 인토네이션이 변해 버린 외래어(loanword)가 상당수에 이른다. 자신의 모국어 안에서 자주 쓰이고 있어 그것의 사용에는 자신이 있지만 실제로는 본래의 말과는 얼마간은 의미나 발음이 달라진 말을 [위동족어(false-friends)]라고 부른다. 위동족어는 대단히 성가신 존재이다. 왜냐하면 이러한 말들은 일상어로서 우리들 마음속에 너무나도 깊이 침투해 있으므로 그것에 관한 새로운 의미 또는 새 발음을 배운다는 것이 매우 어렵기 때문이다. 그리고 불행하게도 일본어는 수많은 외국어를 수용해 왔기 때문에 일본어에는 그러한 말이 수 없이 많다.

일전에 일본인 지인이 나한테 [Ano sêtâ, doko de katta no? (그 세-타 어디서 샀어요.]라고 질문한 일이 있었다. 질문은 알 수 있었지만 화제 자체는 알 수 없었다. [セータ(sêtâ)]라는 말은 무엇을 뜻하는가. 나중에 그녀는 내가 입은 따뜻한 털실 의복, 즉 내 [sweater] 이야기라고 말했다. 그 때 내가 갖게 된 문제는

○ 영국에서는 보통 이런 종류의 의복을 [jumper](일본어로[ジャンパー]가 뜻하는 것과는 다르다) 라고 부른다. 그리고
그 발음 [세-타-]는 영어의 발음 [스웨터]와는 다르다.

일본어와 영어는 상이한 인토네이션을 갖고 있으므로 혼란을 일으키는 말이 수없이 많다. 예컨대 표 3.4가 그렇다.

표 3.4 이토네이션의 차이

	Japanese	vs.	English
idea	I-dea	vs.	i-DEA
advice	AD-vice	vs	ad-VICE
major	me-JAA	vs.	MAI-juh
pattern	Pa-TAA-n	vs.	PA-tun

이 문제의 최선의 해결법은 native speaker 앞에서 강연 연습을 해서, 그들에게 어떤 단어의 인토네이션이 틀려서 혼란을 일으키기 쉬운가를 지적받는 것이다. 만일 그들이 프레젠테이션에 나오는 그러한 단어를 지적한다면 그 영어의 인토네이션에 숙달하든가 아니면 다른 단어를 찾든가 둘 중의 어느 하나를 해야 한다.

번번히 알아듣기 어려운 다른 단어로는 thirteen과 thirty, fourteen과 forty같은 숫자의 짝이 있다. 이들 단어의 끝의 [-een]과 [-eey]를 강하게 발음하도록 노력하는 것이 필요하다. 만일 그래도 어려우면 의미를 분명히 하기 위해 수를 말한 후, [that is, one three] 또는 [that is, three zero]라고 첨가하면 된다.

(6) 동음이의어

일본어에 비해서 영어에는 발음이 같으면서 의미가 다른 단어는 비교적 적다. 이러한 단어를 동음이자(homophone)라고 한다. 예로 [rose]와 발음이 비슷한 단어군과 [plain]과 비슷한 발음의 단어군을 표 3.5에 들어둔다.

물론 대부분의 경우는 문맥에서 어떤 것을 의미하는 것인지 알 수 있지만, 프레젠테이션 시에는 사용된 동음이의어가 다른 단어와 혼동되어 있지 않는지 주의하기 바란다. 만일 오해될듯 싶으면 다른 단어를 쓰는 것이 좋다.

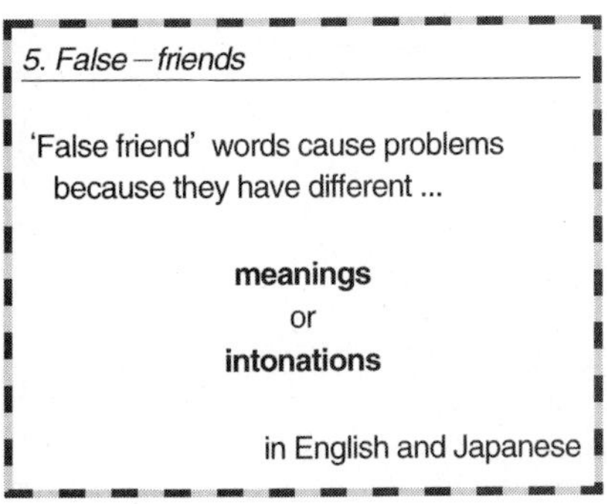

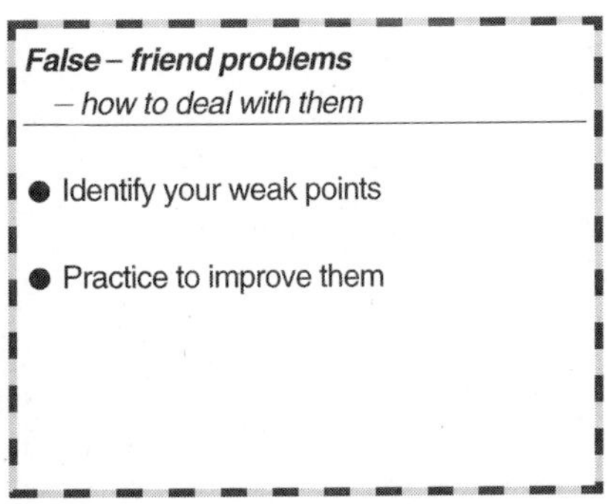

표 3.5 동음이의어의 예

rose	noun	a flower, a colour
	adjective	having a pinkish colour
	verb	the past tense of *rise*
rows	noun	lines
	verb	"John *rows* the boat"
roes	noun	a kind of deer, fish eggs
plain	adjective	flat, boring, not pretty, honest, clear, simple
plain	noun	area of flat land
plane	noun	aircraft, tool for smoothing wood, a kind of tree
plane	verb	to smooth wood using a plane

[2] 언어이외의 수단에 의한 전달

연기(performance)의 또 하나의 측면, 즉 언어이외의 수단에 의한 전달로 화제를 옮기자. 여기서 기억해야 할 중요한일은 그것이 언어로 표현된 의미를 강조하는데 매우 중요한 역할을 한다는 점이다. 이 절에서는 이것을 여섯 개의 문제로 나누어 해설한다.

Homophone problems
–how to deal with them

- Avoid the problem by choosing an alternative word

[2] ***Non–verbal*** *communication*

Reinforces the meanings expressed in your verbal communication

1. Eye contact
2. Facial expression
3. Gesture
4. Posture
5. Energy level
6. Clothes

(1) 눈을 쳐다본다.

강연자는 청중에게 **말을 건네는**(talking to) 일과 단순히 **청중 앞에서 말하는** (talking in front of)일과의 차이를 이해하고 있어야 한다. 강연자는 청중을 상호작용 속으로 끌어들이도록 노력할 필요가 있다. 그러기 위해서 눈을 맞추는 것이 대단히 중요하며, 또한 그것은 (적어도 영국이나 미국의 문화에서는) 강연자가 정직하고 성실한 사람이라는 것을 나타낸다. 이와 같은 이유에서 프레젠테이션 동안에는 자주 자주 청중을 마주 보도록 해야 한다. 앞줄에 있는 사람들뿐만 아니라 회의장의 뒤쪽의 문 옆에 서 있는 사람들도 마주 보도록 한다. 거의 모든 청중한테서 당신이 마주 보았다는데 대해서 친밀감 어린 미소, 또는 이해했다는 [고개의 끄덕임]의 반응을 엿볼 수 있을 것이고, 이러한 반응이 큰 자극이 된다는 것은 말할 필요도 없다.

(2) 얼굴의 표정

경험이 모자라고 신경질인 일본인 강연자는 프레젠테이션을 하는데 너무나 긴장하기 때문에 그들의 얼굴은 어딘지 무표정하고 동작이 없어 보인다. 그러나 만일 가끔가다 청중을 향하여 미소 짓는다면 그것은 청중을 편안하게 하고, 강연을 듣도록 주의를 돌리게 할 수 있다. 그리고 농담(joke)을 했을 때도 그것을 느낄 것이다. 가끔가다 웃으면 안된다는 법은 없다. 강연자가 할 수 있는 얼굴 표정에는 놀램, 당혹, 솔직, 흥분등이 있으며, 그것들은 청중이 강연

1. Eye contact

- Creates an interactive atmosphere with your audience
- Makes the audience feel that you are an honest and sincere person
- Allows you to check how your audience is reacting to your presentation

2. Facial expression

- Without facial expression, a presenter may appear unhappy, unenthusiastic or both
- Try to smile, or even laugh
- Use facial expressions to show surprise, confusion, frankness, and excitement

자의 말에 의한 메시지의 뉘앙스를 이해하는데 도움이 된다.

(3) 몸 짓

프레젠테이션 중에 몸짓을 사용하는 가치는 충분히 있다. 여기서도 신경질이고 경험부족의 강연자는 강연대 뒤에 아니면 스크린 옆에서, 직립 부동의 자세를 취하기 쉽다. 그러나 그렇게 되면 메시지의 효과를 강화하는 효과적인 수단을 잃게 된다. 손과 팔을 쓰는 제스쳐는 키포인트의 강조, 요점의 이동 또는 어떤 물건의 치수를 표시하는데 도움이 된다.

(4) 자 세

만일 프레젠테이션을 할 때 서서 해도 되고 앉아서 해도 된다면 서서 하는 것을 권한다. 서서 하게 되면 청중은 강연자를 잘 볼 수 있고(그 역도 맞다), 강연자가 더 인상적으로 보이며, 또 필요할 때는 연단 위를 자유로이 움직일 수도 있다. 움직임은 강연자의 연기에 역동성을 주고, 강연자에 대한 청중의 관심을 높힌다. 서있을 때는 상반신을 앞으로 구부리지 말고 똑바로 세우도록 한다. 이런 자세는 위엄 있는 분위기를 자아내며 더욱 자신 있어 보이게 하고 또 소리를 높이고 명료하게 내는데도 도움이 된다.

(5) 열 의

열의가 없는 강연은 화제가 아무리 재미있어도 청중을 잠들게 한다. 필자의 학부강의 중에 학생이 영어로 프레젠테이션을 하는 것을 보면(그들이 말하고 있는 내용으로는) 매우 흥분되는 사건에 대해서 말하고 있을 때 조차도 너무나 정열이 없어 보여서 놀라고 만다. 예컨대 다음과 같은 일을 가라앉은 분위기 속에서 두런두런 말한다.[I went to Tokyo Disneyland in the spring vacation. It was the most wonderful experience of my life. I really want to go there again someday...]

프레젠테이션에서 청중이 강연자의 정열을 느낄 수 있게 하지 못한다면 청중은 틀림없이 다음과 같이 생각 하면서 듣는 것을 그만 둘 것이다. [Well, if he doesn't think this is very interesting, it probably isn't, so why is he wasting everybody's time talking about it?] 논문은 (자기가 하는 연구에 대해서 아무리 흥분하고 있더라도) 매우 형식적으로, 감정을 억누르는 방식으로 쓰지 않으면 안 된다. 그러나 프레젠테이션에서는 강연자의 감정을 나타내서 청중에게 무엇인가를 전달하는 기회가 있으며, 그것을 적극적으로 이용해야 한다.

(6) 복 장

프레젠테이션 시에 어떤 옷을 입는가에 대해 명확한 advice를 하기는 어렵다. 왜냐하면 그것은 나라, 기후, 계절 그리고 회의의 종류에 따라 현저히 다르기 때문이다. 예컨대 8월의 캘리포니아에서의 대학원 학생의 작은 모임과 12

3. Gesture

Use gestures to...

- Emphasize key points
- Show transitions between points
- Indicate the size of something
- Point at things

4. Posture

- Standing up is better than sitting down
- Stand up straight, but be relaxed
- Don't look at the screen or the whiteboard

월의 스톡홀름에서의 노벨상 수상식의 차이를 생각해 보기 바란다. 참석하게 되는 회의에 관해서는 이와 비슷한 회의에 출석한 일이 있는 지도교수나 동료들이 이 문제에 대한 최선의 조언자가 될 것이다.

그러나 필자의 개인적 견해를 말한다면 일본의 비슷한 회의에서 입는 옷보다는 좀 더 가벼운 차림을 하는 것이 좋다. 왜냐하면 많은 공식장소에서 일본 사람들은 영국 사람들 보다 더 딱딱한 옷차림을 하기 때문이다. 예컨대 그 차이를 일본과 영국의 대학교수가 일상적으로 입는 복장에서 볼 수 있다. 일반적으로 일본의 남성 대학교수는 검정색 신사복에 넥타이를 매지만, 이와 대조적으로 영국에서는 (특히 여름에는) 진바지에 T 셔츠를 입는 교수가 수두룩하다.

그러나 말하는 영어나 마찬가지로 의복의 선택 또한 개성의 일부이며 프레젠테이션을 하고 있을 때 마음이 편안하도록 제일 기분 좋게 느껴지는 의복을 고르면 된다.

3.2.6 시각교육기기

사람은 들은 것은 겨우 10%를 기억하지만 본 것은 약 30%를 기억한다고 한다. 이 말이 엄밀히 맞는 것인지는 별도로 치고 프레젠테이션에서 왜 시각교육기기의 사용을 고려하는 것이 좋은가 하는 이유가 몇 가지 있다. 시각교육

5. Energy level

- Enthusiasm is essential for a successful presentation
- A low-energy performance will make your audience lose interest
- Make your nervous energy work to your advantage

6. Clothes

- What to wear depends on many factors
- Ask supervisors and colleagues for advice
- Dress more informally than you would for a conference in Japan

기기는 프레젠테이션을 더욱 흥미 있게, 더욱 설득성 있게 그리고 더욱 기억에 남도록 한다. 그리고 청중은 강연자가 하는 말을 들으면서 동시에 씌어진 말과 도표를 따라갈 수 있으므로 일본인을 비롯하여 native speaker가 아닌 사람들에게 특히 도움이 된다.

최근에는 갖가지의 수많은 시각교육기기가 나와 있지만 가장 널리 쓰이고 있는 기기는 오버헤드 프로젝터(overhead projectors: 약어 OHPs. 두상투영기)와 파워포인트(powerpoint) 같은 컴퓨터 소프트웨어를 쓰기 위한 비디오 프로젝터이다. 간략화해서, 이 절에서는 이 두 가지에 한정해서 말하기로 한다. 그리고 [슬라이드(slides)]라는 용어를 이들 기기에 의해서 투영된 영상을 가르키는 말로 쓰겠다. 일본과 외국의 기기의 소프트 웨어와 하드웨어의 호환성에 관한 기술적 문제는 여기서는 생략한다.

[1] 슬라이드의 설계

슬라이드를 설계할 때 아래에 표시하는 상호 관련 사항에 주의하기 바란다.

○ 명료성

요즘 많은 사람들은 슬라이드를 설계하는 기술에 숙달되어 있다. 그리고 정밀한 슬라이드를 만들고 인상적이고 특별한 효과를 내기 위한 도구가 많이 나와 있어 선택에 망설이게 된다. 그러나 사람의 눈을 크게 뜨게 하는 이같은 도구는 모두 청중의 주의를 강연자가 전하고 싶어 하는 메시지에서 딴데로 돌리

Visual aids

People remember

10% of what they **hear**

but **30%** of what they **see**

Advantages of Visual Aids

● Visuals aids make your presentation ...

– more interesting
– more persuasive
– more understandable
– more memorable

게 하는 위험성이 있다. 필자는 일본 사람이 시각에 관한 능력이 매우 높다고 믿고 있다. 일본 문화는 서양 문화 보다는 시각적으로 세련되어 있으며 그 결과 도형정보를 만들고 이용하는 점에서도 고도의 기술을 갖고 있다. 한편 영국에서는 영상에 대해서 모종의 편견이 있으며, 씌어진 말을 선호하는 것으로 보인다. 예컨대 일본인은 모든 세대가 만화를 즐기지만 영국서는 만화를 어린 이만이 즐기는 것으로 여긴다. 따라서 국내의 회의에서처럼 청중 모두가 일본인 일 때 준비하는 슬라이드 보다는 얼마간 단순하게 만들 것을 권한다. 또한 슬라이드 한 장에 사용하는 색은 네 가지로만 하고, 강조할 때 쓰는 색은 일관해서 같은 색을 쓰기 바란다. 슬라이드 주변에는 충분한 여백(margin)을 두는 것을 잊지 말기 바란다.

ㅇ 단순성

슬라이드의 정보내용에 관해서 제일 중요한 것은 슬라이드 하나에 너무 많은 정보를 집어 넣지 않는다는 것이다. 만일 슬라이드가 복잡하게 되어 있으면 청중은 그것을 읽지 않고 건너 뛰고 말 것이다. 일반적 규칙은, 슬라이드 하나에 메시지를 하나만을 넣을 것, 9행 이상은 쓰지 않을 것, 그리고 각행에 8 words 이상 쓰지 않을 것 등이 있다. 슬라이드를 읽기 쉽도록 하려면 문을 전부 쓸 필요가 없다. 대개의 경우 키워드 또는 신문의 표제 같은 문구로 충분하다.

Three aspects of visual aids

1. Designing visual aids (slides)
2. Using visual aids
3. Handouts

*1. **Designing** visual aids*

- Pay attention to these six points
  - Clarity
  - Simplicity
  - Readability
  - Relevance
  - Coherence
  - Comprehensibility

○ **읽기 쉬움**

슬라이드를 읽을 때 청중에게 불필요한 수고를 끼치지 말기를 바란다. 그렇지 않으면 청중은 강연자의 말을 들을 수 없게 된다. 슬라이드 상의 글자체에 관해서는 **Arial** 나 **Verdana** 같은 현대풍의 테두리가 매끈한 [sans serif]의 폰트(font / fount)가 Times New Roman 이나 New Century 같은 [serif]의 폰트 보다 바람직하다. 왜냐하면 그것들은 윤곽이 뚜렷하고 단순해서 스크린에 비쳐질 때 읽기가 쉽기 때문이다.

오래된 serif의 폰트는 원래 작은 활자를 촘촘히 채워서 인쇄한 신문의 본문을 읽기 쉽도록 설계된 것이므로 청중에게 배포되는 자료에 적합하다. 슬라이드는 두 종류 이상의 폰트를 쓰지 않도록 한다. 둘 중의 하나인 sans serif fonts는 표제나 제목에 쓰고, 또 하나의 serif fonts는 본문에 쓴다. 강조하고 싶다면 각각의 폰트 안에서 bold나 italic을 쓴다. 모든 글자의 크기는 24 point 이상으

*Designing for **Clarity***

- PowerPoint has an amazing range of design options
- Japanese culture is very visual
- Design slides that are visually simpler than for a Japanese audience

Colour

- Not more than 4 colours per slide
- Use the colours consistently

*Designing for **Simplicity***

- One 'message' on each slide
- Not more than 9 lines of writing on a slide
- Maximum of 8 words per line
- Use keywords or phrases, not sentences

*Designing for **Readability: Fonts***

- Use smooth, simple fonts like Arial
- Do not write everything in Bold or CAPS
- No more than 2 fonts in any one presentation
- Headings:at least 26-point size letters
- Main Text: at least 24-point size letters

로 하고, 표제나 주요항목에는 25 point 이상을 쓴다. 모든 글자를 bold로 할 필요는 없다. 그리고 모든 글자를 대문자로 쓰지 않기 바란다.

○ 스피치와의 관계

파워포인트 같은 소프트웨어를 사용해서 간단히 슬라이드를 만들 수 있다 보니 프레젠테이션의 모든 것을 시각적으로 꾸미고 싶어진다. 그러나 그런 유혹에 넘어가서는 안 된다. 스크린에 비쳐진 모든 슬라이드는 강연자가 말하는 메시지를 보강하는 것이지 메시지에서 주의를 돌리게 하는 것이 아니라는 점을 유념하기 바란다.

○ 일 관 성

각양각색의 시각적 디자인과 다양한 스타일의 문장으로 된 슬라이드가 뒤섞여 있으면 청중을 곤혹스럽게 한다. 그러므로 어떤 키포인트를 강조하기 위해 다른 것과 구별시킬 수 있지만 기본적으로는 전체에 걸쳐서 통일된 스타일을 쓰도록 한다. 템플리트(template 형판)를 쓰는 장점이 바로 여기에 있다. 일관성을 기하기 위한 또 하나의 방법은 청중에게 지금 프레젠테이션의 어느 단계를 논의하고 있는가를 보여주는 [로드 맵(roadmap)] 역할을 하는 슬라이드를 가끔씩 사용하는 것이다. 만일 같은 슬라이드를 여러번 이용할 때는 OHP를 뒤집어 놓는다거나 파워포인트를 클릭해서 앞에 나온 슬라이드를 다시 비

Designing for **Relevance**

- Slides should positively **reinforce** your spoken message, not distract from it
- Do *not* include **irrelevant** information on your slides

Designing for **Coherence**

- Use a single design template throughout your presentation
- Use 'roadmap' slides to remind audience where you are in your presentation
- At the end of each section, summarize the key points on a single side

치지 말고 여러 장의 슬라이드 카피를 준비하는 것이 필요하다.

○ 이해하기 쉽다.

영어에는 [A picture points a thousand words.]라는 속담이 있다. 강연시간이 제한되어 있으므로 정보를 도형화하면 큰 도움이 된다. 만일 도형, 흐름도(flow chart), 그래프, 선도(diagram) 모양으로 할 수 있는 것이 있으면 문자 대신 그런 모양의 슬라이드를 만들어야 한다는 뜻이다. 그러나 표(table)는 정말로 필요한 것 이상의 정보를 포함하기 쉽고, 숫자 데이터의 나열에서 어떤 경향을 읽어내는 일은 청중에게는 그래프 보다 어렵기 때문에 표 사용을 피하는 것이 좋다. 그래프 등을 사용할 때, 말하고 싶은 것을 전하기 위해 정말로 필요한 것 이상은 적지 않는 것이 좋다. 불필요한 정보는 지워버리는 것이 필요하다. 그러나 좌표축의 라벨(설명표시)은 필요할 것이고 그래프 밑의 설명문도 유용할 것이다.

○ 마지막 주의

파워포인트의 준비에 너무 많은 시간을 쓰지 않도록 한다. 아무리 슬라이드가 훌륭해 보이더라도 연구 자체가 볼품이 없으면 아무도 감명을 받지 않을 것이다. 선거 때의 정치가와는 달리 미디어에 비치는 것 보다는 메시지의 질에 주의를 집중하는 것이 좋다. 만일 시간의 여유가 있으면 슬라이드 쇼를 설계하는데 보다는 프레젠테이션의 다른 면에다 쓰는 것이 좋다.

*Designing for **Comprehensibility***

- Display information visually wherever possible
- Omit all unnecessary information
- Avoid tables of figures

*A final warning about **PowerPoint***

- Do not spend too much time preparing your PowerPoint presentation

[2] 슬라이드의 효과적 이용

프레젠테이션의 개시를 기다리는 동안, 타이틀, 강연자의 이름, 소속을 적은 슬라이드를 비춰두는 것은 훌륭한 아이디어 이다. 이것은 청중에게 누가 무엇에 관해서 말하려고 하는지에 주의를 돌리는 기회를 준다. 그 슬라이드에 무엇이라도 청중의 흥미를 끌 만한 것을 넣어 두는 것도 좋을 것이다. 예컨대 연구의 주요 문제나 결론 같은 진지한 것이거나 모국의 아름다운 경치, 또는 주제와 관계가 있는 만화 등 즐길 수 있는 것이라도 좋다.

프레젠테이션 중에는 청중이 개개의 슬라이드에서 정보를 읽어 낼 시간이 필요하다는 것을 항상 유념하여 많은 슬라이드를 급하게 보이지 않도록 한다.

프레젠테이션이 끝났으면 결론을 적은 맨 나중의 슬라이드를 그대로 비쳐 둔 채 질의 응답에 들어가면 좋다. 시간 사용을 잘못 해 남은 시간이 없어졌을 때를 생각해서 한 장의 슬라이드에 많은 정보를 간결하게 적어 둔 [비상정지] 슬라이드를 준비해 두는 것도 좋을 것이다.

슬라이드 상의 정보에 관해서 말하는 동안 청중에게 등을 보이지 않기를 바란다. 강연자는 스크린이 아니고 청중에게 말하고 있기 때문이다. 또한 레이저 포인트를 사용할 때는 그것을 스크린 위에서 흔들거리지 말고 똑바로 그리고 천천히 목적이 분명하게 움직이는 것이 필요하다. 덧붙여서 레이저 포인트는 위험하므로 절대로 청중을 향하지 않도록 주의한다.

*2. **Using** visual aids:* ***slides***

- Give the audience enough time to read the information on each side
- Do not to turn your back to the audience
- Put your 'Take home message' on a final slide

*2. **Using** visual aids:* ***laser pointers***

- Move the pointer clearly, slowly and purposefully
- Do not point laser at the audience

[3] 배포자료

일반적으로 청중에게 배포자료를 건네주는 것은 좋은 생각이다. 청중은 그것을 집으로 가져가서 다른 참고자료와 함께 철해 놀 수도 있고, 또는 노트 대신에 거기에 적어 넣을 수도 있다. 그러기 위해서 배포자료에는 여백을 충분히 남겨두고, 프레젠테이션 시작 전에 돌리도록 한다.

3.2.7 청중의 질문

많은 강연자들은 프레젠테이션의 질문시간을 몹시 두려워 한다. 이 두려움은 누군가가 강연내용을 깨부수는 비판적인 질문을 하지나 않을까 아니면 단순히 질문을 이해할 수 없다거나 질문에 대답할 수 없지 않을까 하는 불안에서 비롯한다. 만일 영어능력이 부족해서 질문을 이해할 수 없게 된다면 이 문제는 더욱 심각해진다. 이 같은 곤경에서 벗어나기 위해서 질문시간을 없애려고 연설을 고의로 늘어뜨리는 사람마저 있는 모양이다. 이 절에서는 [질문은 두려워 할 것이 못 된다.]는 것을 납득해 주기 바란다.

맨 먼저 인식해야 할 것은, 질문은 좋은 것이다라는 것이다. 그것은 공격이 아님으로 두려워 할 일이 아니다. 오히려 적어도 청중의 몇 사람은 연설한 것에 흥미를 가졌으므로 프레젠테이션이 성공했다는 것을 나타낸다. 앞에서 말

3. Handouts

- Prepare handouts for your audience
- Give handouts before the presentation begins
- Do not include too much detail
- Leave some blank space for note-taking
- Include your name and contact details

Questions are Good

- A good presentation has interaction and dialogue
- Questions are the heart of a good presentation

Don't fear the question and answer section

했듯이 프레젠테이션의 본질은 상호작용과 대화이므로 질문은 좋은 프레젠테이션의 중심적 사항이다. 질문은 몇 가지 재미있는 항목의 상세, 또는 시간이 모자라서 설명을 생략한 이론등을 말하는 귀중한 기회를 준다.

질문을 프레젠테이션 도중에 받든가 또는 끝날 때 까지 기다려 달라고 청중한테 말할 것인가는 개개인의 선택에 달린 문제이다. 또 누군가가 질문을 했을 때 그들이 알고자하는 것을 말하도록 충분한 시간을 주어야 하며, 아주 장시간 계속해서 말하거나 아니면 질문이라기 보다는 질문자 자신이 독연(獨演)을 하고 있는 듯한 경우 말고는 질문을 가로막지 않도록한다. 만일 길고 복잡한 질문의 전부를 기억하지 못할까 걱정되면 질문자가 말하고 있는 동안에 메모를 하면 도움이 된다. 그 목적을 위해 펜과 메모 용지를 잊지 않도록 유념한다.

질문에 답하기 전에 질문을 이해해야만 한다. 그것에 도움이 되는 한 방법은 대답하기 전에 질문을 복창하는 것이다. 이것은 질문자에게도 강연자가 질문을 이해했는지 아닌지를 check하는데 도움이 된다. 왜냐하면 만일 질문이 이해되지 않았으면 질문자가 바로잡을 수 있기 때문이다. 또 질문을 복창하는 것은 다른 청중이 그것을 다시 한번 듣는 기회가 되며, 특히 질문자의 목소리가 작았을 경우에 효과가 있다. 또한 복창하는 동안 질문의 의미를 명확히 하고 대답하기 쉽게 재구성 할 수 있다.

만일 어떠한 이유에서 질문을 이해할 수 없을 때는 몇 가지 대응방법이 있다. 첫째, 질문을 좀 더 쉬운 표현으로 바꿔서 말해 주도록, 또는 질문자가 사용한 술어를 정의해 주도록 그리고 좀 더 천천히 큰소리로 말해 주도록 질문자에게 부탁할 수 있다. 이럴 때

- I can't understand your question.

이라고 말해서는 안 된다. 이것은 질문 방식이 서투르다고 말하는 것이나 같으므로 좀 더 예의바르게

- I am sorry, but would you mind speaking a little more slowly?

또는

- I'm sorry, but would you mind saying that in another way?

라고 부탁해 본다. 그래도 이해가 안되면, 좌장 또는 청중의 다른 멤버에게 도움을 청할 수도 있다. 끝으로 여러 모로 바꿔 말했어도 도저히 이해가 되지 않을 때는 질문자에 사과하고

- I'm sorry, but I still cannot understand your question. Would you mind asking me again after the presentation is over?

라고 말하고 프레젠테이션이 끝난 후에 개인적으로 질문해 주도록 부탁한다.

Answering questions

- Be courteous to the questioner
- Make notes during long questions
- Repeat the question before answering it
- Your answer should be:
  - Brief
  - Clear
  - Truthful
  - Polite
- Prepare answers in advance

If you cannot understand the question

- Ask the questioner to ...
  - speak more slowly
  - speak more loudly
  - rephrase the question
- Ask the chairperson or audience members to help you

이 같은 방법은, 맞지 않는 답을 하거나 쓸데 없는 일을 말하는 것 보다는 훨씬 낫다.

질문을 이해했으면 간결하게, 분명하게, 바르게 그리고 정곡을 찌르게 대답해야 한다. 어떠한 이유로(예컨대 상업상의 비밀을 지키기 위해) 답하고 싶지 않을 때는 예의 바르게 사절의 뜻을 전한다. 예컨대

- I am very worry, but for reasons of business confidentiality, I am unable to answer that question.

자신의 연구에 대한 질문을 몇 가지 예상할 수 있으면 그에 대한 대답을 미리 준비할 수 있다. 나아가선 그 답에 대한 슬라이드를 만들어 둘 수도 있을 것이다.

3.3 기타 사항

3.3.1 긴장에 대한 대처

정도의 차이는 있지만 대다수 사람들은 청중 앞에서 말할 때 긴장한다. 긴장과 relax의 감각을 균형 맞추는 것은 어려운 문제이다. 어느 정도의 긴장과 불안이 청중 앞에서 좋은 performance를 하는데 필요하다는 것은 아마도 사실이겠지만, 많은 사람들이 안고 있는 어려움은 그것을 처리 가능한 level에서 유지할 수 있는가 하는 것이다. 이 절에서는 긴장에 대한 대처 방식에 대하여

*If you **really** cannot understand the question...*

- Apologize to the questioner
- Suggest to the questioner to speak privately after the presentation
- Do not say something vague or untrue

몇 가지 조언을 한다.

[1] 발표전 : 장기적 전략

긴장을 완화하기 위한 최선의 방법은 경험을 쌓는 것이다. 일본어로 하든 영어로 하든 자기의 일에 관한 프레젠테이션을 될 수 있는 대로 많은 기회를 잡아 실행하기 바란다. 3.1.1 항에서 적은 것처럼 프레젠테이션을 하는 것은 **기량**(skill)이다. 그리고 기량을 개선하는 유일한 방법은 열심히 연습을 되풀이 하는 것 뿐이다.

청중 앞에서 영어로 말할 때의 불안에 대한 유효한 대처법의 하나는 [공격은 최선의 방어이다 (Attack is the best form of defense)] 라고 부를 수 있는 다음과 같은 방법이다. 우선 일본에 있는 동안 앞으로 출석하게 되는 국제회의에서 당신의 강연을 앞서 프레젠테이션을 하는 연구자들의 논문 가운데 흥미있는 논문, 또는 그들이 이번에 발표하는 논문과 관련이 있는 논문 몇 편을 입수한다. 그리고 그 논문들을 읽은 다음에 질문 리스트를 만든다. 그 다음은 회의에 나가 그들의 프레젠테이션에 출석해서 질의응답 시간에 준비한 질문 한 둘을 한다. 그들의 회답이 잘 이해되지 않더라도 그다지 신경쓰지 않도록 한다. 질문의 주목적은 회의의 청중 앞에서 영어로 무엇인가를 말하므로써 [**긴장을 푸는**(break the ice)]것이기 때문이다. 회의에서 영어로 말했다는 사실로 자신이 생기게 될 것이다.

긴장을 풀기 위해서는 다음과 같은 전략도 도움이 될 것이다. 회의참가를

Dealing with stress

- Stress is caused by our over-active imaginations
- There is nothing to fear but fear itself

1. Before the conference

long-range strategies

- Prepare your presentation as well as you can
- Practice your presentation as much as you can
- Gain experience by giving presentations as *often* as you can

위한 여행계획을 세울 때 몇 군데를 관광(관광이 허용되지 않으면, 다른 업무) 할 충분한 시간을 잡는다. 그러나 그 관광은 회의 후가 아니고 회의 전에 한다. 일본인 동료와 함께 가지 말고 혼자서 가도록 하자. 또 rent-a-car를 빌리지 말고 공공교통기관을 이용하고 그 고장의 사람들과 말할 기회를 되도록 많이 만든다. 이 소여행은 긴장을 풀어주고 일상의 구어체의 영어로 의사를 전달하는 소중한 경험이 되며 나아가선 자기의 귀를 지금까지 배워 온 표준영어와는 다른 지방의 액센트에 [**동조하는** (tune in)] 데도 도움이 된다.

[2] 발표 전 : 단기적 전략

프레젠테이션의 당일, 강연실의 크기, 음향기기, 좌석의 배열 등을 익히기 위해 강연실에 충분한 시간적 여유를 두고 당도해야 한다. 청중의 몇 사람, 예컨대 일찍 도착한 사람들과 통성을 하고 그들과 대화를 나누면 좋다. 특히 청중 가운데 native speaker가 아닌 사람들과 담소한다. 그들은 회의장에서 아는 사람이 많지 않으므로 기꺼이 대화에 응하리라 생각한다. 좌장과도 친교하도록 하자.

이런 사람들은 보통은 회의 경험이 풍부한 연배들이며, 만일 그들이 친절한 사람들이라면, 그들은 침착한 태도로 기운을 북돋우어 줄 것이다.

만일 회의 직전에 긴장해진다면 긴장을 푸는 몇 가지 방도가 있다. 끽연자는 담배를 피우고, 또 많은 사람들은 심호흡을 해서 기분을 가라앉힌다. 필자는 회의장의 부산하고 분주한 곳에서 떨어진 커피코너를 찾아 가서 거기서 30분 가량 강연원고를 읽고는 한다. 그리고 본장의 시초에서 소개한 발췌문을 생각해 보기 바란다. 숙달된 native speaker 조차도 표준영어와는 동떨어진 영어를 쓰고 있으니 native speaker가 아닌 강연자는 알기 쉬운 영어로 말하면 되는 것이다.

[3] 프레젠테이션이 한창일 때 : 응급처방

어떤 사람들은 강연시에 [(저는) 지금 긴장 됩니다.]라고 청중한테 말하는데 필자는 그것이 좋은 것이라고는 생각하지 않는다. 어차피 사람들은 누구나 크건 작건 긴장하기 마련이고 청중은 그것에 대해서 대체로 관심이 없다. 오히려 프레젠테이션을 하는 동안에 그들과 가까워지는 데 방해가 될 가능성이 있다. 강연자가 긴장하고 있더라도 그것을 밖으로 보이지 않는 방법이 있는 것이므로, 청중이 느끼지도 않는 일에 일부러 청중의 주의를 돌리게 하는 것은 잘못이라 생각한다. 그렇게 말해 버리면 자신의 행동거지 가운데 긴장이 드러나서 모두가 주목하고 있다고 생각하게 되면 점점 더 긴장하게 될 지 모른다.

많은 강연자들은 프레젠테이션의 최초의 1.2분간은 긴장하다가 그 후는 서서히 편안하고 침착해져서 그들의 관심은 발표한다는 일에 집중하게 된다. 그런 이유에서 최초의 도입부에서만 메모를 읽는 사람들도 있다.

말하고 있을 때 긴장하면, 말을 빨리 하게 된다. 그러면 더 불안해지고 악순환이 시작된다. 강연자가 해야할 일은 이 악순환을 끊어버리는 것이다. 이런 상황에서 할 수 있는 최선의 방법은 어떻게든 **페이스를 떨어뜨리는 것**이다.

그것을 행하는 최적의 시점은 프레젠테이션 안에서 절과 절이 바뀔 때일 것이다. 거기서 지금까지 말한 내용을 정리한 슬라이드를 보여주면 좋다. 거기서 멈추어 서서 심호흡을 하고 기분을 진정시킨다. 청중도 이 [순간(pause)]을

'Attack is the best form of defence'

- Sightseeing - do *it* *before* the conference
- Use English at the conference *before* you give your presentation

2. Before your presentation

short-range tactics

- Build up confidence
  - Arrive early at the room and make it your 'territory'
  - Get to know the audience, especially the chairperson
  - Visualize yourself giving your presentation successfully
- Relax
  - Do not rush: give yourself plenty of time
  - Try doing breathing exercises
  - Find a quiet spot

Dealing with stress

반길 것이다. 왜냐하면 지금까지 들었던 것을 흡수할 시간을 가질 것이고 머리를 정리할 수 있기 때문이다. 만일 긴장이 영어로 말하는 것이 어려워서 생긴 것이라면, 짧게 간단한 영어로 하는 것이 좋다는 것을 상기하기 바란다.

어떤 사람은 긴장을 풀기 위해 [청중을 옷을 입은 사람들이 아니고 자루에 들어 있는 감자라고 생각하라]고 말한다. 그러나 필자는 지금까지 그렇게 해 본일이 없어 그 효과를 입증할 수 없다.

Remember ...

- The audience **wants** you to succeed
- **Nobody** expects your English to be perfect

3. During your presentation
emergency first aid

- The first two minutes are the worst
- Do not tell the audience that you are nervous
- Try to break out of the vicious circle

3.3.2 회의에서 성공하기 위한 힌트

단순히 프레젠테이션을 한다는 것 말고도 국제회의에 참석하는 이유가 몇 가지 있다. 게다가 프레젠테이션은 불과 15분이지만 회의 자체는 여러 날(밤에도) 계속된다. 사실인즉 여러 회의의 단골손님들은 강연장 밖(커피 라운지, 식당)에서 벌어지는 일이 강연장 안의 일보다 훨씬 중요하고 재미있다는 것을 알고 있다. 통상의 공식적인 프레젠테이션을 별도로 치면, 회의에서는 위원회가 열리고, 서로 간의 network를 만들고, 일거리를 찾고, 연구자금을 구하고, 누구의 연구는 돋보이고 누구의 연구는 그렇지 않다는 것을 알아내고, 친구(적이 아니다)를 만들고, 공동연구자를 찾고, 출판계약을 맺고, 구경을 하고, 색다른 음식을 즐기고, 술을 마시고, 사랑에 빠지는 등... 여러 가지 일이 벌어진다. 회의에서 많은 것을 얻기 위해서는 이중의 몇 가지(전부는 말고)는 해보도록 힘쓴다.

[1] 회의에 앞서서 : 준비

회의에서 많은 것을 얻으려면 충분한 준비를 해야 한다. 그것은 단지 프레젠테이션의 준비를 하는 것 만이 아니다. 회의는 **정보를 줄 뿐**만 아니고 **정보**

Breaking out of the vicious circle

- Slow down
  - This is the answer to most presentation problems
  - Pause: do not be afraid of silence
- Invite questions
- Simplify your English
- If in doubt, go to the next slide

Things people do at conferences

- take part in committee meetings
- network
- look for work or funding
- find out whose research is fashionable
- make friends(and enemies!)
- find collaborators
- sign publishing contracts
- go sightseeing
- do shopping
- dance
- get drunk
- fall in love ... ... and so on

를 얻는 장소라는 것을 상기하기 바란다. 또한 강연장에서 벌어지는 것은 정보 교환의 불과 일부라는 것도 상기하기 바란다. 회의는 지극히 사회적인 행사이며 그 사회적 측면을 무시하면 귀중한 기회를 놓치고 만다. 따라서 이점을 고려해서 준비를 충분히 하는 것이 필요하다.

첫째는 프레젠테이션 당일만 아니고 되도록 여러날 회의에 출석해서 만찬회(banquet)나 견학 투어 (tour)에도 적극 참가하자.

필자의 경험으로는 회의 참가 신청서에 의한 숙박예약은 (회원할인이 있더라도) 인터넷을 이용해서 스스로 숙소를 구하는 것 보다 훨씬 비싼 경우가 많다. 그러나 일반적으로 말해서 회의에서 공식으로 사용하는 호텔에 들게 되면 식사 시에 다른 참가자들과 사귈 수 있는 기회가 많다. 이런 이유에서 공식적으로 지정된 호텔에 드는 일을 고려해 보자. 그러나 인터넷으로 직접 신청하면 비용이 덜 드는지는 체크하는 것이 좋다.

회의의 프로그램이 공표되었으면 곧바로 그것을 체크하여 어떤 발표를 들

How to have a successful conference

What happens *__outside__* of the lecture rooms is often more important and more interesting than most of what happens *__inside__* them

Three kinds of hints for a successful conference

1, Before the conference

2. During the conference

3. After the conference

1. Before the conference
Preparation

- Be well prepared
- Read the programme, check the website
- Find out who else will be presenting
- Plan which presentations to attend
- Contact other presenters and ask them to meet you at the conference

*Conferences are **social** events*

- Plan to attend the conference for as many days as possible
- Request a presentation day in the middle of the conference
- Sign up for some of the social events
- Prepare your 'Who are you and what are you studying?' Self-introduction speech

을 것인지 계획을 세운다. 특히 흥미 있는 발표가 있으면 그 강연자의 관련 논문도 구해 둔다. (회의기간 중에 말할 때를 대비해서) 영어로 된 명함을 잊지 말고 준비한다. 또한 자기의 최근의 자신작 논문의 카피도 준비하는 것이 좋다.

그 밖에 준비할 것으로는 사전(전자사전이 편리하다.), 녹음기(IC레코더가 편리하다.), 디지털카메라 등이 있겠다.

[2] 회의 기간중 : 사람들을 만난다.

회의가 시작되면 곧바로 프로그램에 변경이 없는지 알아본다. 특히 자기의 프레젠테이션의 시간과 장소는 맨 먼저 확인해야 한다. 좋은 프레젠테이션을 한다는 문제와는 별도로 가장 중요한 것은 참가자들과 이야기 하는 것이다. 될 수 있는 대로 많은 사람들과 영어로 대화하도록 힘쓰자. 만일 회의의 첫날 저녁에 환영회(welcome party)가 있으면, 거기에 출석하여 (일본인이 아닌) 참석자에게 적극적으로 말을 걸도록 하자. 회의 동안의 모든 chance, 예컨대 coffee break, 중식회(luncheon)를 이용하여 간단한 회화, 잡담을 하고 명함을 교환하여 친해지도록 하자.

만일 회의에 poster session이 있으면 어느 하나를 택해서 가보도록 한다. 그곳은 긴장이 없는 상태에서 의견을 나눌 수 있는 장소이기도 하다.

필자도 일본인이 그러고 싶은 심정을 알고 있지만 회의 기간에는 다른 일본

Things to pack in your suitcase

- Copies of your latest paper
- Electronic dictionary
- Tape-recorder or IC-recorder
- Camera

2. During the conference
Meeting People

- Talk to people. ***In English!***
- Talk to other participants during breaks and meal times
- Visit the poster presentation, talk to the presenters

인과 함께 지내는 시간을 되도록 줄이는 것이 좋다. 최근 필자는 싱가포르에서 열린 대규모의 국제회의에 출석했는데 거기에는 많은 일본인 학자들이 참가했었다. 놀란 것은 그들이 언제나 일본인들만의 그룹을 만들려고 하는 것이었다. 특히 점심과 저녁 식사 때는 테이블 하나를 일본인들 만이 차지하고 물론 줄곧 일본어로 말하고 있었다. 그런 분위기는 다른 나라의 참가자들이 그 테이블에 착석하려는 기분을 떨쳐 버린다.

필자는 이런 것이 다른 나라의 학자들과 아이디어를 교환하고 network link를 만들 귀중한 기회를 놓치게 한다고 생각하지 않을 수 없었다. 그리고 그들은 회의 이외의 시간을 [Japanese three Ss]로 불리는 국제회의에서의 일본인의 정형(stereotype)대로 보내고 있었다. 즉 언제나 [silent]이고 [smiling]하고 그리고 강연중에는 가끔 [sleeping]하면서.

[3] 회의 후: 철저히 챙긴다

필자의 경험으로는 회의가 아무리 재미있고 또한 자극적이었어도 회의에서 돌아오면 얼마 안가서 배운 것을 잊어버리고 만다. 회의의 경험을 오래 살려 두려면 마무리를 철저히 할 필요가 있다.

첫째 될 수 있는 대로 빨리 적어둔 노트를 복습하고 정정하고 배포자료를 파일에 정리한다. 명함도 정리한다. 다음은 부탁받은 자신의 논문의 copy를 우송한다. 회의의 보고서를 정리해서 동료들에게 회람시키는 것도 기억을 확실히 하는 데 도움이 될 것이다.

Japanese three Ss

Smiling

Silent

Sleeping

(A Japanese professor)

3. After the conference

Following up

- Review and file your notes
- Send copies of your papers or handouts to people who requested them
- Contact presenters whose presentations you missed and ask them to send you a handout
- Write a report or give a presentation on the conference for your colleagues

3.4 정리와 결론

본장에서 필자는 호의적인 외국인의 관점에서 국제회의에서 영어에 의한 프레젠테이션을 예정하고 있는 일본인에게 몇 가지의 advice를 하고자 했다. 여기서 말한 것 이외에도 이 화제에 관해서 이야기할 것이 많이 있다는 것을 잘 알고 있다. 특히 프레젠테이션에서 사용하는 영어의 구체적인 표현에 대해서는 그다지 언급하지 않았는데 이에 대해서 도움이 되는 책은 수없이 많이 나와 있다. 필자의 advice는 어느 정도 일반적인 사항이며 딱히 특정한 분야의 기술자에 한정되어 있지 않다. 이에 관해서는 다행히도 기술용어집이 나와 있다. 하지만 두뇌와 컴퓨터의 비유를 상기하기 바란다. 자기의 하드디스크를 크게 하려는 유혹을 이겨내고 CPU의 고속화에 집중하기 바란다. 다시 말해서 자기가 이미 가지고 있는 영어능력을 사용하여 일을 할 것, 다만 효과적으로 그것을 쓰도록 노력하기 바란다. 그러기 위해서는 연습과 경험이 필요하고, 읽는 양은 그다지 도움이 안된다. 결국 좋은 프레젠테이션은 실제적 기량과 자신의 문제이며 이론적 지식에서 생기지 않는다.

이상, 국제회의의 강연자로서의 필자의 경험과 일본인 학자의 강연을 들었

Summary
&
Conclusions

Part 1 English is a global language

- *Nobody* speaks Perfect English
  So you do not have to either!
- English belongs to everyone – it's your language too
  So use it confidently!

Part 2 Successful Presentations

- A presentation is not a paper
  So dont't just read it!
- A presentation is a skill
  So practice it!
- Audiences forget things
  So tell them three times!

Part 2 Successful Presentations (cont).

- A presentation is a performance
  So be entertaining!
- Visual aids improve your presentation
  So make and use them well!
- Questions are good
  So do not fear them!

Part 3 Don't worry, be happy

- The audience wants you to succeed
  So don't panic!
- The conference is a social event
  So relax, and talk to people!
  (in English)

Any Questions?

던 경험에 의거해서 말해 본 것이지만 많은 문헌도 참고했었다. 본장의 끝에 문헌제목이 실려 있다. 이들 저자에게 진심으로 감사 드린다.

인용 • 참고문헌

1) 구보타 나미노스케: 연구자를 위한 국제학회 프리젠테이션, 교리츠 출판(1999)
2) Longman Dictionary of Contemporary English, (3rd Ed.), Harlow, Essex : Addison Wesley Longman(1995)
3) 오노 요시마사 : 요점으로 배우는 영어구두 발표의 요령, 마루젠(2003)
4) 시무라 후미오 : 이과계를 위한 영어 프리젠테이션의 기술, The Japan Times(1996)
5) The Rice On-Line Writing Lab (RiceOWL): Designing Effective Oral Presentations
http://www.ruf.rice.edu/-riceowl/oralpres.html(2004년 4월 현재)
6) Dazzle'em with Style
http://www.physics.ohio-state.edu/-wilkins/writing/Supp/dazzle.html(2004년 4월 현재)
7) Hong Kong Polytechnic University Center for Independent Learning: Presentation Planner
http://elc.polyu.edu.hk/cill/tools/presplan.htm(2004년4월현재)

04
영문 특허명세서 작성법

4.1 시작하면서

본장에서는 앞에서 배운 과학영어에 관한 내용의 응용예로 영어특허명세서 작성법에 대해서 해설한다. 필자가 변리사 업무를 시작한 쇼와 30년(1955년)대는 기술도입의 시대였고, 대상이 된 난해한 도입기술을 이해하는데 무척 고생했다. 그 후 쇼와 40년(1965년)대 후반부터 기술수출의 필요성이 거론되었고 21세기를 맞이한 현재 일본에게는 글로벌 지적재산권의 보호가 매우 중요한 일이 되었다. 따라서 본서의 독자인 연구자, 기술자 여러 분들은 직무상 외국특허를 취득할 필요성이 반드시 있을 것으로 생각된다. 이하에서 필자가 변리사로서 30여년에 걸친 실무 경험에서 얻은 것을 설명 하고자 하니 참고해 주기 바란다.

우선 외국특허 취득수속을 하는데 있어 번역의 원문인 일본어의 특허명세서는 악문이 많아 이해하기가 무척 어렵다. 또한 특허기술을 이해하고 분석하는 일은 영어의 번역자가 하기 어렵다. 이러한 배경에서, 일본어의 특허명세서를 영어의 특허명세서로 바꿔 쓰는데 있어 일반 번역자의 축어역은 한계가 있으므로 기술자 자신이 번역을 할 필요가 있다. 그리고 각국에서 특허권 취득수속을 할 때 출원 후에 담당심사관 한테서 수령한 국(局) 지령서에 기재된 견해를 정확하게 이해하여 정확한 응답서를 작성하기 위해서도 영문 명세서 작성에 본인이 직접 관여하는 것이 중요하다.

게다가 특허권 취득수속 시에는 외국의 특허변리사와 면담할 기회도 많아

지므로 영어회화 능력도 필요하게 된다. 이럴 때 통역을 통한 의사전달로는 감정이 제대로 전해지지 않는 데다가 회의에 2배 이상의 시간이 들게 되므로 통역을 통하지 않고 직접 이야기를 나눌 정도의 회화능력을 갖추고 있어야 한다.

이상에서 영어쓰기 능력과 회화능력이 필요하다고 말하였지만 자기의 전문분야에서의 영어회화에는 결코 높은 수준의 영어능력이 필요한 것은 아니라는 것을 부언하고 싶다. 영어능력은, 중학교의 교과서에 나오는 회화에 도움이 되는 구문을 이해하고 그것을 자유자재로 구사할 수 있으면, 평소 숙지하고 있는 전문용어를 어느 정도 추가하는 것으로 충분하다. 영문 특허명세서를 쓰는 경우에도 고등학교의 교과서 정도의 영어라면 족하다. 요는 기본적인 영어 실력을 익혀서 그것을 계속해서 활용하는 것이 중요하다.

4.2 영문특허명세서를 쓰는 법

미국에서 특허권을 취득할 때 어떤 식으로 특허명세서를 쓰는지에 대해서 설명한다.

4.2.1 미국특허명세서의 기재요건

미국특허명세서의 작성방식에 관하여 U.S. Code Section 112 는 다음과 같이 규정하고 있다.

"The specification must include a written description of the invention or discovery and of the manner and process of making and using the same, and is required to be in such full, clear, concise, and exact terms as to enable any person skilled in the art or science to which the invention or discovery appertains, or with which it is most nearly connected, to make and use the same, and shall set forth the best mode contemplated by the inventor of carrying out his invention."

즉 이 규정에 의하면 다음의 요건을 충족하는 것이 요구된다.

① 발명을 문장으로 기술할 것. 그 기술은 그 발명이 속하는 기술 분야의 사람들이 누구나 실행할 수 있도록 **명료하고 정확한 용어**로 기재한 것이야 한다.

② 발명자가 숙고 끝에 얻은 가장 좋은 실시형태를 기술할 것.

4.2.2 미국특허명세서의 논지 전개

미국특허명세서는 다음의 순서로 기재 되어야 한다.

① Title of the invention (발명의 명칭)

② Identification of inventors(발명자의 명기)

③ Cross-references(관련 발명의 출원에 관한 기술)

④ Background of the invention(발명의 기술적 배경)

⑤ Summary of the invention(발명의 개요)

⑥ Brief description of the drawings(도면의 간단한 설명)

⑦ Detailed description of the preferred embodiments(가장 좋은 실시형태의 상세한 설명)

⑧ Claims(청구의 범위)

4.2.3 특허명세서의 독자

특허명세서는 누가 독자인가를 잘 생각해서 써야 한다. 특허명세서의 독자는 저마다의 역할에 따라서 이런저런 시점에서 읽으며, 저마다 고유의 문제를 안고 있다. 일반적으로 발명자(Inventor)는 법률적 국면과 청구의 범위(claims)의 의미를 이해하지 않을 때가 많다.

한편 심사관(Examiner)은 명세서를 면밀히 정사함으로 명세서는 읽기 쉽고, 오기가 없으며 충분한 설명이 있어야 하고, 청구의 범위에 기재된 문언(文言)이 명세서의 기재내용과 모순이 없어야 하며, 특히 기계에 관한 발명에 관해서는 청구의 범위의 기재내용이 도면으로 표시되어 있는 것이 중요하다.

또 경쟁자인 특허권 침해자(Infringer)는 명세서의 기재상의 과오와 미비점을 정사하고, 청구의 범위의 기재 및 심사과정에 있어서의 거절이유에 대한 발명자의 견해 등을 고려하여 침해회피의 수단을 찾으려고 애쓴다.

특허권 침해에 대한 분쟁이 생기면 재판을 하게 되는데 재판 시에는 재판관(Judge), 변호사 (Attorney at law) 및 배심원(Jury)이 특허명세서를 읽는다. 재판관과 변호사는 법률 전문가이지만 기술에는 문외한이다. 배심원은 여러 가지 직업을 가진 일반 시민으로 구성됨으로 예비지식이 전혀 없는 것은 아니지만, 최종적으로는 이들 배심원을 납득시키지 않으면 안 된다.

이상의 모든 사람들에게 발명의 내용을 이해시키려면 어려운 문을 써놓으면 설득이 불가능하다. 따라서 어려운 기술내용을 분석해서 간단한 표현으로 풀어쓰고 간결히 기술하는 사고능력이 필요하며 이에 더하여 쉬운 영어로 쓰는 실력이 필요하다. 다시 말해서 특허명세서의 기재에서는 [Simple sentences are best]이다.

4.2.4 "청구의 범위" 의 기재 목적

[청구의 범위]의 기재는 특허발명의 보호범위를 명확히 정의해서 확정짓는

데 최종적 목적이 있다. 그 반면 [청구의 범위]의 기재는 명세서에 기재된 발명의 기술적인 신규사항(novelty)과, 종래의 기술로는 상정할 수 없는 진보성(non−obviousness)의 근거가 되는 사항을 정확히 정의하는 것이 긴요하며 그 정의가 불특정 · 불명료 시에는 그 발명에 부여된 특허권이 무효가 될 우려가 있다. 또한 [청구의 범위]의 기재는 발명자와 제 3 자가 그 발명에 대하여 논의하게 될 때에의 공통 기반을 제공하는 것이며, 특허상표국(Patent and Trademark Office]의 담당심사관의 심사대상이 되며, 그 발명의 선행 기술의 조사 분야를 명확히 해서 그 발명 자료에 의거한 동 발명의 신규성과 진보성이 판단된다. 다시 말해서 명세서에 기재되고 명시된 발명이 신규성, 진보성 등의 특허요건을 갖추고 있더라도 [청구의 범위]에서 정의된 발명이 특허요건을 갖추지 않았을 때는 특허권이 부여되지 않으며, 설사 특허권이 부여되었더라도 나중에 그 유효성이 문제가 될 때는 무효가 된다. 따라서 [청구의 범위]는 상기 사항을 이해하여 특허권의 부여를 요구하는 발명에 필수 불가결한 구성요건을 명료하고 간결하게 기재하며, 부주의한 한정사항을 추가로 기재 하지 말아야 한다.

4.2.5 "청구의 범위"를 쓰는 방식

앞에서 적었듯이 특허명세서의 [청구의 범위]의 기재는 특허권의 취득을 위해 매우 중요한 것이므로 일단 영어로 쓰는 방식의 관점에서 벗어나서 그 기재방법을 설명한다.

일반적으로 미국특허명세서 및 EU 특허명세서의 기재내용을 이해하려면 그 명세서 말미에 기재되어있는 [청구의 범위]를 읽어 보면 발명 요지를 이해할 수 있다. 여기서 특허명세서의 [청구의 범위]의 기재를 정확히 이해하기 위해서는 [청구의 범위]의 기재가 아래와 같은 구성으로 이루어져 있다는 것을 알아두면 편리하다.

청구의 범위의 문장구성

① Preamble (서언)

② Transition (연결)

③ Body (본문)

㉮

WHAT IS CLAIMED IS:

A steering apparatus for an automotive vehicle [**Preamble**], comprising [**Transition**]:

a steering mechanism for steering a set of road wheels on a road surface, the steering apparatus including a tubular housing adapted to be mounted on a body structure of the vehicle to support a rack member displaceable in a lateral direction, first and second tie rods, said first tie rod connected to one end of the rack member, said second tie rod connected to opposite end of the rack member ; and first and second elastic dust boots applying a pre-load force to the set of road wheels which is predetermined by taking into account a lateral inclination of the road surface and a ply-steer residual cornering force of tires on the road surface so as to bias the set of road wheels in a predetermined lateral direction when the steering wheel is retained in a neutral position, said first dust boot coupled at one end to said first tie rod and at the other end to said tubular housing, said second dust boot coupled at one end to said second tie rod and at the other end to said tubular housing.[**Body**]

일반적으로 [Preamble]에서는 발명의 적용대상이 정의되며 [Transition]에서는 comprising, including, consisting of, consisting essentially of 등의 표현이 쓰이며, [Body]에서는 기능적 요소(operative elements]의 기능의 상관관계가 명확히 정의되고 또는 성분(elements)이 특정된다.

4.3 번역 시의 주의사항

모두에서 말했듯이 특허명세서의 일본어 문장은 일반적으로 이해하기가 매우 어려운 것이 많다. 따라서 그것을 그대로 번역자에게 의뢰하더라도 알기 쉬운 영어로 번역할 수 있을 리가 없으므로 아무래도 자기가 번역할 필요가 있다. 그렇다면 자기가 간결하게 번역하려면 어떻게 하면 좋을 까. 이하에서 그 주의사항을 설명한다. 이들 주의사항은 대부분이 [축어역]에서 생기기 쉬운 문제이다. 기술영어는 영어의 문제가 아니고 기술내용의 해석의 문제라는 것에 유의한다.

○ 원고의 부적절 · 불명료한 기재의 정정

일본어의 원문에 휘둘리지 말것. 즉 일본어로 이해 곤란한 사항을 알기 쉬운 표현으로 고친다.

○ 일본어의 표현형식에 말려들지 말것

앞장에서도 기술되어 있듯이 일본어의 문장에서는 결론이 마지막에 나오는 경우가 많다. 반면에 영어의 문장은 결론을 맨 먼저 적는 일이 많다. 이처럼 일본어의 문장과 영어의 문장은 기본적으로 표현 형태가 다름으로 일본어를 영어로 번역할 때는 구문의 골격을 바꿔야할필요가 생긴다. 또한 자기가 쓴 일본어의 원문이라도 그것이 정말로 간결한 표현으로 되어 있는가 아니면 좀 더 나은 표현은 없는가를 항상 물으면서 읽고 고치는 것이 좋다.

○ 복잡한 구문을 쓰지 않을 것

축어역을 하면 복잡한 주문이 되기 쉽다. 이럴 때는 짧은 문장으로 나누어 알기 쉬운 표현으로 만들고, 또 문법상의 갖가지 문제가 생기지 않도록 간단한 표현형식을 채용하는 것이 현명하다.

○ 키워드를 명확히 할 것

하나의 문 또는 절 안에서 여러 가지 사항을 전하려하지 말고, 무엇을 알아주기를 원하는지 그 키워드를 분명히 한다.

○ 의미상의 주어를 정확하게 선택할 것

같은 것을 전달하는데도 둘러서 말하지 말고 문장을 간결한 표현으로 바꾸어 의미상의 주어를 정확하게 선정할 필요가 있다. 주어의 선택 여하에 따라서 구문이 복잡해 진다.

○ 일본식 영어에 끌려다니지 말 것

일본어의 기술용어에는 일본식 영어가 많이 쓰이고 있으므로 그것의 정확한 영어를 확인하는 것이 긴요하다. 일본식 영어에 끌려 다니는 것은 오역의 원인이 되어 오해받을 수 있으므로 주의가 필요하다. 이것은 일반적인 기술문헌의 기재 시에 적합한 역어가 없어 영어의 원문을 부적절한 일본식 영어로 표현한 문장이 많아서 그 의미를 정확하게 이해하지 않고 관행적으로 사용해 온 데 원인이 있다.

4.4 번역의 실례

기계분야의 특허명세서를 영역한 실례를 설명한다. 이 예는 일본특허 제3399061호공보(미국특허 제 5979918호공보)에 의하여 명시된 [차량용 스티어링 장치에 관한 발견]의 특허명세서를 번역한 것이다. 이 특허명세서에 기재된 발명은 차량의 직진주행특성을 높이도록한 차량용 스티어링 장치를 제공하는 것으로서 이하에 그 도면과 함께 일본어의 원문을 제시하고 각 paragraph의 번역 방식을 설명하기로 한다.

[도면]

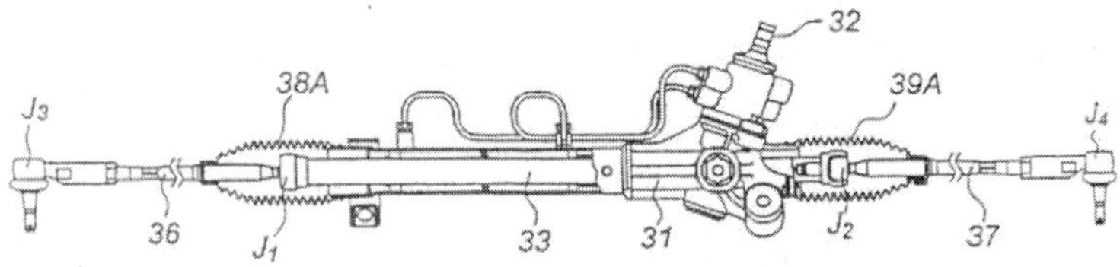

[부호의 설명]

- 31 : 통모양의 하우징(housing), 32 : 피니언섀프트(pinion shaft),
- 33 : 랙(rack), 36, 37 : 타이러드(tie rod), 38A, 39A : 더스트부츠(dustboots),
- J_1, J_2, J_3, J_4: 볼조인트(balljoint)

원문

[산업상의 이용분야] 본 발명은 차량용 스티어링 장치, 특히 차량의 직진주행특성을 높이도록 한 차량용 스티어링 장치에 관한 것이다.

역문 :

[Field of the Invention] *The present invention relates to* a steering apparatus for automotive vehicles, and more particularly to *an improvement of* the steering apparatus capable of *enhancing* a straight running characteristic of the vehicle.

이 번역에서 "The present invention relates to a steering apparatus..."라는 문은 발명의 적용대상을 명확히 하면서 그 기술 분야를 나타내는 문의 관례로, 통상 "The present invention relates to..." 또는 "This invention is concerned with...."라는 표현이 쓰인다. 또 "an improvement of" 원문에는 없지만, 이 발명을 개량발명으로 이해하고 역자의 판단에 따라 집어 넣었다. 그리고 "enhance"라는 용어는 각종의 기술 분야에서 [성능을 높이다. 또는 특성을 향상시킨다.]고 말할 때 널리 쓰인다.

원문 :

[종래의 기술]

차량용 스티어링 장치의 하나로서 차폭방향으로 변위하는 랙(rack)과, 이 랙의 양단에 각각 요동가능토록 연결된 전기한 랙의 변위양에 따라서 조타륜에 타각(舵角)을 주는 좌우 한쌍의 타이러드와, 전기한 랙을 변위가능토록 지지하여 차체에 고정된 하우징과 그 하우징의 각 단부와 전기한 각 타이러드의 랙 측단 부의 양단에 각각 부착된 전기 랙의 외측 및 동 랙과 전기한 각 타이러드의 연결부를 덮어 씌운 더스트부츠를 갖춘 조타력전달계를 채용한 것으로, 예컨대 지츠가이헤이(實開平) 1-144170호공보에 제시되어 있다.(밑줄친 단어는 모두 가타가나로 표기되어있음-역자 주)

역문 :

[Prior art] *Disclosed in* Japanese Utility Model Laid-open Publication Hei No-1-14417 *is* a steering apparatus of the rack-and-pinion type for an automotive vehicle *which includes a tubular housing mounted on the vehicle body to support a rack member displaceable in a lateral direction*, a pair of tie rods each connected to the opposite ends of the rack member to steer a set of road wheels in accordance with lateral displacement of the rack member, a pair of dust boots each coupled at their one ends with the tubular housing and at their other ends with the tie rods to encompass each joint portion of the tie rods with the rack member.

이 번역문은 차량용 스티어링 장치의 종래기술을 설명하는 것인데 [하우징, 랙, 타이러드, 더스트부츠] 등의 복잡한 장착장치의 구조를 간단히 이해하기 쉽도록 번역하는 것이 필요하다. 그러기 위해 아래의 기본구문을 활용하기로 했다.

"Disclosed in A is B which includes (or comprises) X, Y, Z...."

이 구문을 사용하면 X, Y, Z등의 구성부품의 장착구조와 기능을 상혜히 이해하기 쉽게 설명할 수 있다. 또한 영어의 영문에는 일본문의 맨 끝에 있는 [지츠가이헤이(實開平) 1－144170호공보]를 맨앞에 가져다 놓는 것이 바람직 하다. 이처럼 결론적인 사항을 맨 처음에 기재하는 것이 영어로서 적절하다. 그리고 상기의 원문 중의 [차량방향으로 변위하는 랙]이라는 기재는 랙의 지지구조가 불명료하기 때문에 역문에서는 "a tubular housing mounted on the vehicle body to support a rack member displaceable in a lateral direction"라고 기재했다.

원문 :

또한 종래의 차량용 스티어링 장치는 좌우대칭의 조타특성을 갖도록 구성되어 있어, 평탄도로에서 핸들을 중립위치에 놓고 손을 놓은 상태에서 주행하는 경우에 핸들이 중립위치에 계속 유지되도록 되어 있다.

역문 :

In such a conventional steering apparatus as described above, the steering characteristic is *symmetrical in left and right directions* to maintain the steering wheel in a neutral position even if the driver *causes* the vehicle *to* travel on a flat road without holding the steering wheel.

이 역문에서는 본문의 주어로 " the steering characteristic"을 택해서 [좌우대칭의]의 의미를 "symmetrical in left and right directions"로 기재함으로써 표현이 간결해졌으며, 게다가 "핸들이 중립위치에 계속 유지되도록"을 부정사를 써서 "to maintain the steering wheel in a neutral position"로 기재했다. 이것으로 주어인 [조타특성]의 의미가 분명해진다. 또한 "even if the driver causes the vehicle to travel on a flat road without holding the steering wheel" 라는 표현은 [운전자가 핸들을 놓은 상태에서 주행하고 있는 모습]을 상정할

수 있도록 한 기재이며, 여기서 사용한 "A causes B to do"라는 표현은 [어떤 작동이 어떤 결과를 가져온다]라는 것을 기재할 때에 유용한 표현이므로 활용하면 편리하다.

원문 :

그런데 통상의 노면은 평탄도로라도 배수등을 고려하여 노면 중앙에서 경사지도록 시공되어 있어 이러한 노면에서 핸들을 중립위치에 놓고 핸들을 놓은 상태에서 주행하는 경우 노면의 경사에 따라서 핸들이 중립위치 옆(좌측주행로에서는 좌측, 우측주행로에서는 우측)으로 변위하여, 해당 차량이 한 쪽으로 쏠리게 되어 직진주행을 할 수 없게 된다. 게다가 차바퀴를 레이디얼 타이어(회전으로 생기는 횡력(横力), 즉 플라이스티어 잔류 코너링포스가 우방향으로 작용하는 좌측주행로용과 좌방향으로 작용하는 우측주행로용이 있다)로 장착했을 때는 동 타이어 자체로 얻어지는 플라이스티어 잔류 코너링포스(이 힘 때문에 핸들이 변위하는 일은 없다)에 의해서 상기한 노면경사의 문제를 억제하는 것이 가능하지만, 플라이스티어 잔류 코너링포스가 커질 때는 해당 차량이 노면경사에 대해서 역방향으로 쏠리기 쉽다.

역문:

In general, the surface of the flat road is, however, raised at a central portion of the road for drainage. Accordingly, if the driver causes the vehicle to travel on the flat road without holding the steering wheel placed in the neutral position, the steering wheel will be displaced leftward or rightward from the neutral position in accordance with lateral inclination of the road surface. As a result, straight travel of the vehicle may not be maintained. In the case that the road wheels of the vehicle are equipped with radial tires for traveling on a left or right lane of the travel road, a ply-steer residual cornering force caused by the tires themselves acts to restrain the lateral displacement of the vehicle. If the ply-steer residual cornering force is excessive, however, the vehicle tends to travel in an opposite direction against the lateral inclination of the road surface.

이 역문에서는 원문이 장문이기 때문에 그것이 의미하는 바가 [도로노면의 경사상태], [직진주행중인 차량의 변위] 및 [레이디얼타이어를 장착한 차량의 변위] 임을 확인하여 위에서 적은 5개의 단문으로 문제의 소재를 명확히 하였다. 이 때 각각의 문의 키워드를 명확히 하기 위해 어떤 주어를 선택하느냐가 중요함으로 상기의 역문에서는 "the surface of the flat road," "the steering wheel," "a ply-steer residual cornering force," "straight travel of the vehicle," "the vehicle" 등의 말을 주어로 선택함으로써 각 문장의 의미가 명료해졌다. 그리고 원문의 괄호 안의 부분은 번역하지 않아도 그 의미를 이해할 수 있으므로 문의 구성을 간결히 하기 위해 생략했다.

원문 :

본 발명은 상기한 실상을 감안하여 이루어진 것이며, 제반의 사정을 미리 고려해서 핸들을 중립위치에 두고 핸들을 놓은 상태에서 주행하는 경우에 해당 차량이 쏠리는 방향과는 역방향으로 핸들을 틀어서 동 차량의 직진주행성이 개선되도록 하는 것을 목적으로 한다.

역문:

It is, therefore, a primary object of the present invention to provide an improved steering apparatus for an automotive vehicle capable of enhancing a straight running characteristic of the vehicle in a condition where the steering wheel is placed in a position corresponding to the straight ahead travel.

이 번역에서는 원문에서 [상기한 사실을 감안하여 이루어진 것이며 제반 사정을 미리 고려해서] 라고 기재되어 있으나 그 의미가 부불명하기 때문에 그 기재에 헷갈리지 않고 발명의 목적을 명확히 하기 위해서 원문을 축자역하지 않고 [조타 핸들이 직진주행시의 위치에 있는 상태에서의 직진주행특성을 높이는 것]에 목적이 있다고 이해하여 상기한대로 번역했다. 이 경우 원문 가운데 [핸들을 중립위치에 두고 핸들을 놓은 상태에서 주행한 경우]란 [운전자가 조타핸들을 잡지 않은 상태에서 위험운전을 하는 경우]가 아니고 [운전자가 조타 핸들을 가볍게 받치고 직진주행을 하는 경우]를 표현하려고한 것으로 이해하였다. 이처럼 일본어의 원문이 의미 불명하거나 악문일 때는 그 진의를 가능한 한 정확하게 이해해서 번역하는 것이 긴요하다.

원문 :

상기의 목적을 달성하기 위해 본 발명은 차체에 고정된 통모양의 하우징내에서 동 차체의 옆방향 변위를 가능케 하는 랙의 양단에 연결되서 한쌍의 조타륜을 전타가능케 하는 좌우 한쌍의 타이러드와 그 타이러드의 한 쪽의 한 끝에 부착해서 다른 한 끝을 전기한 하우징의 한 쪽 끝에 부착한 첫 번째 단발수단(段發手段)과 다른 타이러드의 한 끝에 다른 한 끝을 전기한 하우징의 다른 끝에 부착시킨 두 번째 단발수단을 갖추어서 전기 조타륜을 노면상에서 전타하게 하는 차량용 스티어링 장치는 일반적인 주행로면의 옆방향의 경사를 고려해서 정한 예비하중을 전기한 제 1 단발수단과 제2 단발수단에 부여해서, 전기 조타 핸들이 중립위치에 계속 유지될 때 전기 조타륜이 소정의 옆방향으로 부세(付勢)하게끔 한 것을 특징으로 하는 스티어링 장치를 제공하는 것이다.

역문:

According to the present invention, the object is accomplished by providing a steering apparatus for an automotive vehicle which comprises a steering mechanism for steering a set of road wheels on a road surface, the steering mechanism including a tubular housing mounted on a body structure of the vehicle to support a rack member displaceable in a lateral direction, a pair of tie rods each connected to the opposite ends of the rack member to steer a set of dirigible road wheels, first resilient means connected at one end to one of the tie rods and at the other end to one end of the housing, and second resilient means connected at one end to the other tie rod and at the other end to the other end of the housing, wherein the first and second resilient means are applied with a pre-load determined in consideration with lateral inclination of a normal road surface to bias the road wheels in a lateral direction in a condition where the steering wheel is placed in a position corresponding to the straight ahead travel.

이 번역에서는 앞에서 설명한 특허명세서의 [청구의 범위]의 기재방법에 의거해서 이 발명의 주요구성요건을 명확하기 위한 전단의 기술에서는 적용대상이 되는 스티어링 장치의 구성을 특정하고, 후단의 기재에서는 주요한 기능적요소(operative elements)인 [제일 단발수단과 제2단발수단의 기능]을 정의하였다. 이 때 원문의 [상기의 목적을 달성하기 위하여 본 발명은...] 라는 기재를 "According to the present invention, the object is..." 로 표현함으로써 복잡한 구조를 간결한 문장으로 기재할 수 있다.

원문 :

상기한 대로 구성된 차량용 스티어링 장치는 일반적인 노면의 옆 방향 경사에 의한 차량 쏠림에 대처하도록 상기의 단발수단의 예비하중을 조절함으로써 조타 핸들을 중립위치에 두고 핸들을 놓은 상태에서 주행한 경우 해당 차량의 쏠리는 방향과는 반대 방향으로 조타 핸들이 틀리게 되어 차량 쏠림이 감소하고 차량의 직진주행성이 유지 된다. 또한 상기한 단발수단으로 조타력전달계의 더스트부츠를 활용하게 되면 부품수의 증가 없이 실행할 수 있는 이

점이 있다.

역문 :

In the steering apparatus for automotive vehicles described above, the pre-load of the resilient means is adjusted to act against the movement of the vehicle caused by inclination of a normal road surface in a lateral direction. With such adjustment of the resilient means, the steering wheel is applied with an effort acting in a opposite direction against the lateral movement of the vehicle in a condition where the steering wheel is placed in the neutral position without holding. This is effective to restrain the lateral movement of the vehicle thereby to enhance the straight running characteristic of the vehicle. In the case that dust boots in the steering mechanism are utilized as the resilient means, the present invention can be practiced without any increase of the component parts.

이 번역에서는 본 발명의 차량용 스티어링 장치의 주요한 기능적 요소인 [단발수단]의 기능과 이점을 명확히 기재하기 위해 일본어의 원문을 단문으로 나누어 각 문장의 주어를 적절히 선정하는데 배려하였다. 이 때 원문에 기재된 기술내용을 정확히 이해하는 것이 긴요했고 그 이해에 의거해서 각 문장의 주어를 선택하는 것이므로 이와 같은 번역을 축어역 밖에 할 수 없는 번역자한테서 요구한다는 것은 무리이다. 이런 뜻에서 다양한 기술 분야의 기술자 자신이 번역할 것을 권한다. 또한 최근에는 기계번역을 하는 소프트웨어가 개발되어 손쉽게 이용할 수 있게 되었으므로 이것을 유효하게 활용해서 기술자가 그 기술적 사상의 진의를 직접 표현하는데 본장에서 기술한 사항이 참고가 된다면 다행으로 생각한다.

4.5 정리

이상으로 영문 특허명세서 작성법을 해설해 보았는데 마지막으로 다시 한 번 요점을 정리한다.

① 일본어의 특허명세서의 부적절 · 불명료한 표현에 휘둘리지 않도록 주의하고, 발명자가 말하려는 것의 진정한 의미를 이해해서 내용을 되도록 간결한 표현으로 기재할 것

② 기술영어는 영어의 세계가 아니고 기술분석의 세계라는 것을 인식할 것

③ 일본어의 원문을 축어역하지 말것

④ 일반적으로 일본어의 문장은 주어가 애매한 글이 많으므로 영역시에는 적절한 주어를 선정해서 단문으로 기재할 것

인용 · 참고문헌

1) 특허청기술간담회편 : 특허실무용어일영사전(제2판). 일간공업신문사 (2003)

2) 일영특허용어집 : 파트로 · 인포메이션(1999)
http://www.patro.co.jp/(Patro Information K.K. 일영특허용어사전) (2004년 4월 현재)

부록

1. 일본 · 미국특허공보의 예

2. 특허관련 용어집

(19)日本国特許庁（ＪＰ）　(12) **特　許　公　報**（Ｂ２）　(11)特許番号

特許第3399061号
(P3399061)

(45)発行日　平成15年４月21日(2003.4.21)　(24)登録日　平成15年２月21日(2003.2.21)

(51)Int.Cl.⁷	識別記号	ＦＩ	
Ｂ６２Ｄ　3/12	５０３	Ｂ６２Ｄ　3/12	５０３Ｅ
	５０５		５０５Ｚ

請求項の数４（全　４　頁）

(21)出願番号　特願平5－324021

(22)出願日　平成５年12月22日(1993.12.22)

(65)公開番号　特開平7－172323

(43)公開日　平成７年７月11日(1995.7.11)

審査請求日　平成12年12月12日(2000.12.12)

(73)特許権者　000003207
トヨタ自動車株式会社
愛知県豊田市トヨタ町１番地

(72)発明者　岡下　隆一
愛知県豊田市トヨタ町１番地　トヨタ自動車株式会社内

(72)発明者　杉本　尚康
愛知県豊田市トヨタ町１番地　トヨタ自動車株式会社内

(74)代理人　100064724
弁理士　長谷　照一　（外２名）

審査官　西本　浩司

(56)参考文献　実開　平２－57774（ＪＰ，Ｕ）
実開　昭55－46009（ＪＰ，Ｕ）
実開　平１－144170（ＪＰ，Ｕ）

最終頁に続く

(54)【発明の名称】　車両用ステアリング装置

1

(57)【特許請求の範囲】

【請求項１】　車体に固定した筒状のハウジング内にて同車体の横方向に変位可能に支持したラックと、該ラックの両端に連結されて一組の操舵輪を転舵可能に支持する左右一対のタイロッドと、該タイロッドの一方のタイロッドにその一端を組付けその他端を前記ハウジングの一端に組付けた第１の弾撥手段と、他方のタイロッドにその一端を組付けその他端を前記ハウジングの他端に組付けた第２の弾撥手段とを備えて、前記操舵輪を路面上にて転舵させる車両用ステアリング装置において、

一般的な走行路面の横方向の傾斜を考慮して定めた予備荷重を前記第１の弾撥手段と第２の弾撥手段に付与して、前記操舵輪が中立位置に保持されるとき前記操舵輪が所定の横方向に付勢されるようにしたことを特徴とする車両用ステアリング装置。

2

【請求項２】　車体に固定した筒状のハウジング内にて同車体の横方向に変位可能に支持したラックと、該ラックの両端に連結されて一組の操舵輪を転舵可能に支持する左右一対のタイロッドと、該タイロッドの一方のタイロッドにその一端を組付けその他端を前記ハウジングの一端に組付けた第１の弾性ダストブーツと、他方のタイロッドにその一端を組付けその他端を前記ハウジングの他端に組付けた第２の弾性ダストブーツとを備えて、前記操舵輪を路面上にて転舵させる車両用ステアリング装置において、

一般的な走行路面の横方向の傾斜を考慮して定めた予備荷重を前記第１のダストブーツと第２のダストブーツに付与して、前記操舵輪が中立位置に保持されるとき前記操舵輪が所定の横方向に付勢されるようにしたことを特徴とする車両用ステアリング装置。

監修　日本国特許庁

【請求項３】　前記第１のダストブーツを前記予備荷重に対応する量だけ緊張して組付け、前記第２のダストブーツを前記予備荷重に対応する量だけ圧縮して組付けたことを特徴とする請求項２に記載の車両用ステアリング装置。

【請求項４】　車体に固定した筒状のハウジング内にて同車体の横方向に変位可能に支持したラックと、該ラックの両端に連結されて一組の操舵輪を転舵可能に支持する左右一対のタイロッドと、該タイロッドの一方のタイロッドにその一端を組付けその他端を前記ハウジングの一端に組付けた第１の弾撥手段と、他方のタイロッドにその一端を組付けその他端を前記ハウジングの他端に組付けた第２の弾撥手段とを備えて、前記操舵輪を路面上にて転舵させる車両用ステアリング装置において、

一般的な走行路面の横方向の傾斜と前記操舵輪のプライステア残留コーナリングフォースを考慮して定めた予備荷重を前記第１の弾撥手段と第２の弾撥手段に付与して、前記操舵輪が中立位置に保持されるとき前記操舵輪が所定の横方向に付勢されるようにしたことを特徴とする車両用ステアリング装置。

【発明の詳細な説明】

【０００１】

【産業上の利用分野】本発明は、車両用ステアリング装置、特に車両の直進走行特性を高めるようにした車両用

イステア残留コーナリングフォースが右方向に作用する左側走行路用と左方向に作用する右側走行路用がある）を装着した場合には、同タイヤ自体によって得られるプライステア残留コーナリングフォース（この力によってハンドルが変位することはない）によって上記した路面傾斜による問題を抑制することも可能であるが、プライステア残留コーナリングフォースが大きい場合には当該車両が路面の傾斜に対して逆方向に流れるおそれがある。本発明は、上記した実状に鑑みてなされたものであり、諸般の事情を予め考慮しハンドルを中立位置として手放し状態で走行させた場合に当該車両が流れる方向とは逆方向にハンドルが切れて当該車両の直進走行性が改善されるようにすることを目的としている。

【０００４】

【課題を解決するための手段】上記の目的を達成するため、本発明は、車体に固定した筒状のハウジング内にて同車体の横方向に変位可能に支持したラックと、該ラックの両端に連結されて一組の操舵輪を転舵可能に支持する左右一対のタイロッドと、該タイロッドの一方のタイロッドにその一端を組付けその他端を前記ハウジングの一端に組付けた第１の弾撥手段と、他方のタイロッドにその一端を組付けその他端を前記ハウジングの他端に組付けた第２の弾撥手段とを備えて、前記操舵輪を路面上にて転舵させる車両用ステアリング装置において、一般

ステアリング装置に関するものである。

【0002】

【従来の技術】車両用ステアリング装置の一つとして、路車幅方向に変位するラックと、このラックの両端にそれぞれ揺動可能に連結され前記ラックの変位量に応じて操舵輪に舵角を与える左右一対のタイロッドと、前記ラックを変位可能に支持して車体に固定されるハウジングと、このハウジングの各端部と前記各タイロッドのラック側端部に両端にてそれぞれ取付けられて前記ラックの外周及び前記ラックと前記各タイロッドの連結部を被覆するダストブーツを備えた操舵力伝達系を採用したものがあり、例えば実開平１－１４４１７０号公報に示されている。また、従来の車両用ステアリング装置においては、左右対称の操舵特性が得られるように構成されていて、略水平な平坦路にてハンドルを中立位置として手放し状態で走行させた場合、ハンドルが中立位置に維持されるようになっている。

【0003】

【発明が解決しようとする課題】ところで、通常の路面は平坦路でも水はけ性等を考慮して路面中央を山とする傾斜が施されており、かかる路面でハンドルを中立位置として手放し状態で走行させた場合、路面の傾斜に応じてハンドルが中立位置から一方（左側走行路の場合は左側、また右側走行路の場合は右側）に変位し、当該車両が一方に流れて直進走行しなくなる。なお、車輪にラジアルタイヤ（回転によって得られる横力、すなわちプライステア残留コーナリングフォースが右方向に作用す

的な走行路面の横方向の傾斜を考慮して定めた予備荷重を前記第１の弾撥手段と第２の弾撥手段に付与して、前記操舵輪が中立位置に保持されるとき前記操舵輪が所定の横方向に付勢されるようにしたことを特徴とする車両用ステアリング装置を提供するものである。

【0005】

【発明の作用・効果】上記のように構成した車両用ステアリング装置においては、一般的な路面の横方向の傾斜による車両流れに対向するように上記弾撥手段の予備荷重を調整することにより操舵ハンドルを中立位置にして手放し状態で走行した場合、当該車両が流れる方向とは逆方向に操舵ハンドルが切られて車両流れが低減し、車両の直進走行性が維持される。また、上記弾撥手段として操舵力伝達系のダストブーツを活用した場合には、部品点数の増加をもたらすことなく実施できる利点がある。

【0006】

【実施例】以下に、本発明の一実施例を図面に基づいて説明する。図１に示した車両用ステアリング装置は、右ハンドルで主として道路の左側走行路を走行する車両に装備されるものであり、このステアリング装置においては、ハンドル１０に加わる操舵力が操舵力伝達系Ａを介して両操舵輪２１，２２に伝達されて両操舵輪２１，２２が転舵されるように構成されている。なお、両操舵輪２１，２２は、回転によって得られる横力、すなわちプライステア残留コーナリングフォースが右方向に作用す

US005979918A

United States Patent [19]

Okashita et al.

[11] **Patent Number:** 5,979,918

[45] **Date of Patent:** *Nov. 9, 1999

[54] STEERING APPARATUS FOR AUTOMOTIVE VEHICLE

[75] Inventors: Ryuichi Okashita; Naoyasu Sugimoto, both of Toyota, Japan

[73] Assignee: Toyota Jidosha Kabushiki Kaisha, Toyota, Japan

[*] Notice: Under 35 U.S.C. 154(b), the term of this patent shall be extended for 464 days.

[21] Appl. No.: **08/926,986**

[22] Filed: **Sep. 10, 1997**

Related U.S. Application Data

[63] Continuation of application No. 08/669,825, Jun. 26, 1996, abandoned, which is a continuation of application No. 08/360,060, Dec. 20, 1994, abandoned.

[30] **Foreign Application Priority Data**

Dec. 22, 1993 [JP] Japan 5-324021

[51] **Int. Cl.**^{6} **B62D 3/12**

[52] **U.S. Cl.** **280/93.515**; 180/428

[58] **Field of Search** 74/29; 280/93.514, 280/93.515

[56] **References Cited**

U.S. PATENT DOCUMENTS

3,691,905	9/1972	Baxter	180/DIG. 13 X
3,980,315	9/1976	Hefren	280/94
4,213,626	7/1980	Moore	280/94
4,758,012	7/1988	Ogura et al.	180/143 X
4,953,889	9/1990	Reilly	280/661

FOREIGN PATENT DOCUMENTS

0 053 666	6/1982	European Pat. Off. .	
58-110372	6/1983	Japan	280/94
U-60-131464	9/1985	Japan .	
U-1-144170	10/1989	Japan .	
81/03472	12/1981	WIPO .	

Primary Examiner—Kevin Hurley
Assistant Examiner—Gary Savitt
Attorney, Agent, or Firm—Oliff & Berridge, PLC

[57] **ABSTRACT**

A steering apparatus for an automotive vehicle having a steering mechanism arranged to steer a set of dirigible road wheels in accordance with a steering effort applied to a steering wheel, wherein the steering mechanism is designed to preliminarily bias the road wheels leftward or rightward in a condition where the steering wheel is placed in a neutral position for straight travel of the vehicle.

3 Claims, 3 Drawing Sheets

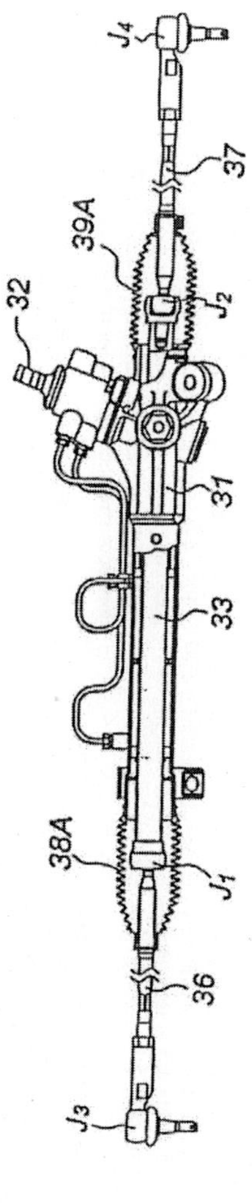
J4
37
39A
32
J2
31
33
38A
J1
36
J3

STEERING APPARATUS FOR AUTOMOTIVE VEHICLE

This is a continuation of application Ser. No. 08/669,825 filed Jun. 26, 1996, now abandoned, which in turn is a continuation of Ser. No. 08/260,060 filed Dec. 20, 1994, now abandoned.

BACKGROUND OF THE INVENTION

1. Field of the Invention

The present invention relates to a steering apparatus for automotive vehicles, and more particularly to an improvement of the steering apparatus for enhancing a straight running characteristic of the vehicle.

2. Description of the Prior Art

Disclosed In Japanese Utility Model Laid-open Publication Hei No. 1-144170 is a steering apparatus of the rack-and-pinion type for an automotive vehicle which includes a tubular housing mounted on the vehicle body to support a rack member displaceable in a lateral direction, a pair of tie rods each connected to the opposite ends of the rack member to steer a set of road wheels in accordance with lateral displacement of the rack member, and a pair of dust boots each coupled at their one ends with the opposite ends of the tubular housing and at their other ends with the tie rods to encompass each joint portion of the tie rods with the rack member.

In such a conventional steering apparatus as described above, the steering characteristic is symmetrical in left and right directions to maintain the steering wheel in a neutral position even if the driver causes tie vehicle to travel on a flat

direction, a pair of tie rods each connected to opposite ends of the rack member to steer the road wheels in accordance with lateral displacement of the rack member and a pair of dust boots fixedly coupled at their one ends with the tie rods and at their other ends with opposite ends of the housing, the dust boots are adapted as the biasing means for preliminarily biasing the road wheels in the predetermined lateral direction in a condition where the steering wheel is placed in the position corresponding to straight travel of the vehicle.

BRIEF DESCRIPTION OF THE DRAWINGS

Other objects, features and advantages of the present invention will be more readily appreciated from the following detailed description of a preferred embodiment thereof when taken together with the accompanying drawings, in which:

FIG. 1 is a perspective view of a steering apparatus mounted on an automotive vehicle which is equipped with a right-hand steering wheel;

FIG. 2 is a partly broken rear view of the steering apparatus shown in FIG. 1;

FIG. 3 is a graph showing a characteristic of a left-hand dust boot shown in FIG. 2;

FIG. 4 is a graph showing a characteristic of a right-hand dust boot shown in FIG. 2,

FIG. 5 illustrates the steering apparatus of FIG. 2 with one dust boot stretched and the other dust boot compressed.

DETAILED DESCRIPTION OF THE PREFERRED EMBODIMENTS

In FIG. 1 of the drawings; there is illustrated a steering

road without holding the steering wheel. In general, the surface of the flat road is, however, raised at a central portion of the road for drainage. Accordingly, if the driver causes the vehicle to travel on the flat road without holding the steering wheel placed in the neutral position, the steering wheel will be displaced leftward or rightward from the neutral position in accordance with lateral inclination of the road surface. As a result, straight travel of the vehicle may not be maintained. In the case that the road wheels of the vehicle are equipped with radial tires for traveling on a left or right lane of the travel road, a ply-steer residual cornering force caused by the tires themselves acts to restrain the lateral displacement of the vehicle. If the ply-steer residual cornering force is excessive, the vehicle tends to travel in an opposite direction against the lateral inclination of the road surface.

SUMMARY OF THE INVENTION

It is, therefore, a primary object of the present invention to provide an improved steering apparatus for an automotive vehicle capable of enhancing a straight running characteristic of the vehicle in a condition where the steering wheel is placed in a position corresponding to straight ahead travel.

According to the present invention, the object is accomplished by providing a steering apparatus for an automotive vehicle having a steering mechanism arranged to steer a set of road wheels in accordance with a steering effort directly applied to a steering wheel of the vehicle, wherein the steering mechanism comprises biasing means for preliminarily biasing the road wheels in a predetermined lateral direction in a condition where the steering wheel is placed in a position corresponding to straight travel of the vehicle.

In a steering apparatus the steering mechanism of which includes a tubular housing mounted on a body structure of the vehicle to support a rack member displaceable in a lateral apparatus of the rack-and-pinion type mounted on an automotive vehicle which is equipped with a right-hand steering wheel **10** to travel on a left-hand lane of the travel road. In the steering apparatus, a steering effort is directly applied to the steering wheel **10** and transmitted to a set of dirigible road wheels **21, 22** through a steering mechanism A to steer the road wheels. The road wheels **21, 22** each are equipped with a radial tire for traveling on the left-hand lane. The radial tire is designed to cause a ply-steer residual cornering force acting on the vehicle body rightward.

As shown in FIGS. **1** and **2**, the steering mechanism A comprises a tubular housing **31** mounted on a vehicle body structure B and extending laterally in the rearward of each axle of the road wheels **21, 22**, a pinion shaft **32** operatively connected to the steering wheel **10** through a steering shaft assembly **11**, a rack member **33** supported by the housing **31** to be laterally displaced in accordance with rotation of the pinion shaft **32**, a pair of tie rods **36, 37** each connected at their one ends to the opposite ends of rack member **33** by means of ball joints J1, J2 and at their other ends to a pair of knuckle arms **34, 35** by means of ball Joints J3, J4 to steer the road wheels **21, 22** in accordance with lateral displacement of the rack member **33**, and a pair of elastic dust boots **38, 39** coupled at their one ends with the tie rods **36, 37** and at their other ends with the opposite ends of the tubular housing **31** to encompass each Joint portion of the tie rods **36, 37** with the rack member **33**.

The left-hand dust boot **38** is coupled with the tie rod and tubular housing **31** in a condition where the steering wheel is retained in a position corresponding to straight ahead travel. In this instance, the left-hand dust boot **38** is stretched in a predetermined amount and fixed in place to be applied with a predetermined tensile pre-load F_1 as shown in FIG. 3. Similarly, the right-hand dust boot **39** is coupled with the tie

부록2
특허관련 용어집

영역시에 필요한 특허관련 용어를 정리해 둔다.
자세한 것은 관련도서를 참조하기 바란다.

[ㄱ]

간행물 : publication
감정 : expert testimony
개시(공시) : disclosure
결재 : approval
경고하다 : warn (예 : a warning letter)
고안 : device ; invention
공개하다 : disclose ; open to the public (예 : publication before examination)
공동출원 : joint application (예 : license by agreement)
공업소유권 : industrial property right
공지 : publicly known (예 : publicly known invention)
공탁 : deposition (예 : deposit ¥ 1,000,000 on ...)
과태료 : fine (예 : was fined ten dollars)
관보 : official gazette ; government gazette
관용 : common use ; conventional (예 : a common use trademark)
구성 : constitution (예 : indispensable constituent features)
구주특허 : European patent
구주특허조약 : European Patent Organization (EPO)
국내의 : domestic (예 : domestic application, domestic priority)
국유특허 : national patent
국제의 : international (예 : international application)
권리 : right (예 : transfer of right ; scope of right)
규정 : provision (예 : under the provision of Article 10)
금지, 정지 : injunction (예 : demand for injunction)
기각하다 : dismiss ; reject (예 : dismiss an appeal)
기간 : period(일반적인 수속등); term 권리 (예 : extension of the period; expiration of the period)
기본특허 : basic patent; pioneer patent
기안 : drafting

기재 : description (예 : inappropriate description)

[ㄴ]

남용 : abuse

납부 : payment (예 : time limit for payment)

[ㄷ]

다투다 : contest (例 : contest the patent with an opponent)

대리 : representation (예 : legal representative)

대리인 : attorney (예 : notification of change of attorney)

독점 : monopoly (예 : Antimonopoly Law)

동의 : consent (예 :obtain a consent)

등록 : registration (예 : registered trademark)

[ㅁ]

만료 : expiration

명세서 : specification(일본); description(PCT, EPC)

모방하다 : copy, imitate

무과실배상책임 : liability without negligence

무효 : invalidity

문의하다 : inquire (예 : inquire of him about; a letter of inquiry)

미국특허 : United States patent

미청구 : not requested

[ㅂ]

발명 : invention(예 : invent a new machine)

발송일 : mailing date

방기, 포기 : waiver; abandonment

배상금 : indemnity

배상하다 : indemnify, compensate (예 : compensate him for)

배심 : jury (예 : serve on a jury, jury system)

법정대리인 : legal representative

변리사 : patent attorney

보정 : amendment (예 : decline the amendment)

보호 : protection (예 : scope of protection)

부다페스트조약 : Budapest Treaty

부당이득 : unjust enrichment

부본, 사본 : duplicate; copy

분류 : classification (예 : International Patent Classification)

분쟁 : dispute (예 : adjust a dispute between)

불복신청 : appeal

불수리 : refusal of receipt

[ㅅ]

산학제휴 : industry-university co-operation

상대 : opponent

상속 : inheritance ; succession

상속인 : heir ; successor

상표 : mark

상표 : trademark (예 : trademark registration)

선고하다 : pronounce (예 : pronounce a sentence)

선발명주의 : first-to-invent rule

선원 : earlier application ; precedent application

선원주의 : first-to-file rule

소송 : suit (예 : a civil suit, file a suit against)

손해 : damage (예 : compensation for damage)

수행하다 : prosecute

신규사항 : new matter

신규성 : novelty (예 : novelty of an invention)

실시권 : license (예 : exclusive license; licensee ; license fee)

실용신안 : utility model

심사 : examination (예 : request for substantive examination)

심판 : trial (예 demand for trial)

[ㅇ]

(이권을) 양도하다 : assign (예 : assign a patent right to)

안건 : application (심사안건) case(심판안건)

열람 : inspection

요건 : requirement

우선권 : right of priority (예 : claim a priority ; priority certificate)

원고 : plaintiff

원본 : certified copy ; original

원서 : request (예 : submit a request for patent)

위임 : entrust (예 : entrust Mr.Yamada with application)

위임장 : a letter of attorney

유보 : reservation

유사 : similarity

의의 : opposition; objection (예 : object to this decision ; raise an objection against)

의장 : design (예 : registration of design)

이전 : transfer (예 : transfer a patent right to)

인 : seal

인감증명 : a certificate of a seal impression

인정 : finding

인지 : revenue stamp

입증 : attestation

[ㅈ]

잠정/임시의 : provisional (예 : provisional injunction; provisional registration)

재심 : retrial (예 : demand a retrial)

저작권 : copyright (예 : a copyright holder; copyright law)

저촉 : conflict (예 : conflict with another patent)

적용 : application

접수 : acceptance (예 : date of

acceptance)
정보개시 : information disclosure
제기, 신청 : request (예 : make request)
제시 : presentation
조서 : record, document
조약 : convention, treaty (예 : Paris Convention)
중재 : arbitration (예 : settle a dispute by arbitration)
지적 : intellectual (예 : intellectual property right)
진부화 : obsoleteness (예 : obsolete invention)

[ㅊ]

청구항 : claim (예 : addition of claim, deletion of claim)
출원 : application; filing (예 : patent applied; an applicant ; filing date)
침해하다 : infringe (예 : infringe a patent right, an infringement suit)

[ㅋ]

크로스라이센스 : cross license
클레임 : claim (예 : claimed subject matter)

[ㅌ]

통상실시권 : non-exclusive license
통지 : notice
특허 : patent (예 : apply for a patent ; obtain a patent for)
특허공보 : patent publication
특허권자 : patentee
특허청 : Patent Office (예 : Japanese Patent Office)
특허협력조약 : Patent Cooperation Treaty (PCT)

[ㅍ]

파리조약 : Paris Convention for the Protection of Industrial Property)
판결 : judgment (예 : deliver judgment, precedent judgment)
피고 : defendant

[ㅎ]

행정 : administration (예 : administration disposition)
허락 : permission; agreement
협의 : consultation (예 : disagreement on consultation)
화해 : compromise ; settlement
확정판결 : final and conclusive judgement
후원(後願) : later application ; subsequent application case(심판안건)

편저자 · 저자 약력

石田 幸男 (이시다 유키오)

1970년 나고야대학공학부 기계공학과 졸

1975년 나고야대학 대학원 공학연구과 박사과정 수료(진동공학 전공)
공학박사 (나고야대학)

현재 나고야대학 대학원 교수

전공 회전체역학, 진동공학

村田 泰美 (무라타 야스미)

1979년 죠치(상지)대학 외국어학부 영어과 졸업

1995년 오스트레일리아 국립대학 아시아 연구학부 박사과정수료(언어학 전공)
Ph.D. (오스트레일리아 국립대학)

전 나고야 상과대학 조교수

현재 주쿄(中京)대학, 쇼잔(椙山) 여학원 대학, 아이찌(愛知)대학 비상근 강사.

Igor Men' shov (이고르 멘쇼프)

1979년 모스크바대학 수학역학부 역학과 졸업

1983년 러시아과학 아카데미 응용수학 연구소 박사과정 수료(유체역학 전공)
Ph.D.(러시아 과학 아카데미 · 스티에크로프 수학연구 센터)

현재 나고야대학 대학원 조교수

전공 수치유체역학

Edward Haig(에드워드 헤이그)

1984년 런던대학 킹즈 칼리지이학부 생물학과 졸업

1989년 런던대학 퀸 · 메어리 칼리지 박사과정수료(환경학 전공)
Ph.D. (런던 대학)

현재 나고야 대학 객원 강사

전공 외국어로서의 영어교육학, 연극학

長谷照一 (하세 쇼이치)

1956년 메이지대학 법학부 졸업

1961년 변리사 등록

1967년 하세국제특허사무소 창설

전 지적재산협회 및 일본변리사 연구수소 강사, 나고야대학 비상근 강사

현재 하세국제특허사무소 소장

전문 특허관련업무

역자 약력

김용권(金容權)

1954년 서울대학교 문리과대학 영어영문학과 졸

1957년 서울대학교 대학원 영어영문학과 수료
문학석사

1966년 미국 미네소타대학 대학원 박사과정 수료 Ph.D.(1970년)

1970년 서강대학교 영어영문학과 교수

1983년 한국 아메리카학회 회장

1989년 한국 영어영문학회 회장

1996년 서강대학교 명예교수

2000년 한국번역학회 초대회장

과학영어논문 작성법과 프레젠테이션

초판인쇄 2008년 9월 20일
초판발행 2008년 9월 25일
재판발행 2010년 7월 10일

지은이 이시다 유키오 · 무라타 야스미 · 이고르 멘쇼프 ·
에드워드 헤이그 · 하세 쇼이치
역자 김용권
펴낸이 홍정수
펴낸곳 탐구당
출판등록 1950. 11. 1 서울 제 03-00993호
주소 | 140-011 서울특별시 용산구 한강로1가 158
전화 | (02)3785-2211~3 | 팩스 (02)3785-2272
e-mail | tamgudang@tamgudang.co.kr
http://www.tamgudang.co.kr

ISBN 978-89-87314-31-0 13740

값 10,000원